本书由教育部人文社会科学研究青年基金项目"普惠金融视角下
机构的可持续发展及制度优化路径研究"（17YJC790082）、北
学高水平学术著作出版基金资助出版

普惠金融视角下
微型金融机构的可持续发展及
制度优化路径研究

李雅宁◎著

Research on the Sustainable Development and
System Optimization Path of Microfinance Institutions from
the Perspective of Inclusive Finance

经济管理出版社
ECONOMY & MANAGEMENT PUBLISHING HOUSE

图书在版编目（CIP）数据

普惠金融视角下微型金融机构的可持续发展及制度优化路径研究/李雅宁著 . —北京：经济管理出版社，2021.5

ISBN 978 - 7 - 5096 - 7995 - 1

Ⅰ. ①普⋯　Ⅱ. ①李⋯　Ⅲ. ①金融机构—经济发展—研究—中国　Ⅳ. ①F832.3

中国版本图书馆 CIP 数据核字（2021）第 094141 号

组稿编辑：魏晨红
责任编辑：魏晨红
责任印制：黄章平
责任校对：陈　颖

出版发行：经济管理出版社
　　　　　（北京市海淀区北蜂窝 8 号中雅大厦 A 座 11 层　100038）
网　　　址：www. E - mp. com. cn
电　　　话：（010）51915602
印　　　刷：北京虎彩文化传播有限公司
经　　　销：新华书店
开　　　本：720mm × 1000mm/16
印　　　张：11
字　　　数：161 千字
版　　　次：2021 年 5 月第 1 版　　2021 年 5 月第 1 次印刷
书　　　号：ISBN 978 - 7 - 5096 - 7995 - 1
定　　　价：68.00 元

目　录

1 导论

1.1 研究背景与研究意义

1.1.1 研究背景

普惠金融为中低收入群体和没有享受到金融服务的人群提供了安全、便利的金融服务，其中，微型金融机构（Microfinance Institutions，MFIs）在普惠金融服务领域发挥了举足轻重的作用。微型金融机构是农村金融体系的重要组成部分，它致力于为中低收入群体提供可持续的金融服务，在全世界范围内，尤其是在发展中国家，正在成为提高收入、改进福利的有效工具。在普惠金融视角下，微型金融机构需要兼顾财务绩效和社会绩效的双重目标，如何实现可持续发展是理论界和实践者一直以来关注的重点。

微型金融机构自诞生以来就以中低收入人群和微小企业为目标客户，向其提供信贷、储蓄、保险、转账服务和其他一系列金融服务，其初衷是通过提供微型金融服务，使目标客户群体获得自我生存和自我发展的机会。发展中国家普遍具有人均收入水平低和收入差距过大的现象，存在金融市场割裂和金融抑制的问题，微型金融机构无法兼顾财务绩效和社会绩效的双重目标，其可持续发展面临着严峻的挑战。

1.1.2 研究意义

微型金融机构作为一种为中低收入群体提供金融服务的有效形式，已经成为传统金融的重要补充。然而微型金融机构长期面临可持续问题，存在着可持续能力与覆盖面间的冲突，使微型金融机构无法兼顾财务绩效和社会绩效的双重目标，在制度设计上存在改进的空间。为此，基于普惠金融理论，构建微型金融机构可持续发展评价的理论框架，使微型金融机构作为金融制度的创新形式更具有理论意义。

微型金融机构在提高农民收入、改善农业环境和促进农村发展，以及提升社会福利等方面都具有显著的积极作用，微型金融服务逐渐成为政府提高居民收入和解决社会问题的重要方式。因此，研究普惠金融视角下微型金融机构可持续发展及评价问题，可以为政府、金融监管部门、非政府组织的捐赠机构考察微型金融机构提供可资借鉴的现实依据，具有重要的实际意义。

现有的微型金融机构是否实现了可持续发展？在多大程度上实现了可持续发展？影响微型金融机构可持续发展的因素有哪些？国际上已经实现了可持续发展的微型金融机构有何优势？针对不同国家的国情，微型金融机构的可持续发展应当选择什么样的发展路径，政府又应当如何发挥作用？这些问题的解决不仅有利于微型金融机构的可持续发展，更有利于改善其服务质量，提升金融普惠性的整体水平。本书基于普惠金融视角，对微型金融机构可持续发展问题的研究致力于解决这些问题，并在普惠金融体系下提出微型金融机构制度优化的路径，具有一定的理论意义和应用价值。

1.2 国内外研究现状及趋势

1.2.1 普惠金融的基本内涵

普惠金融（Inclusive Financial）的基本理念强调金融资源与金融服务的共享和服务对象的可及性，与金融排斥（Financial Exclusion）概念相对，早期对普惠金融的探究是在研究金融排斥问题的基础上展开的。Thrift 和 Leyshon（1995）将排挤部分社会群体和个人获取正规金融服务的现象称为金融排斥。2005 年，联合国提出普惠金融的基本内涵为有效地、全方位地为社会所有阶层和群体提供服务的金融体系。2008 年，印度普惠金融委员会将普惠金融定义为确保弱势群体（如低收入群体）可获得金融服务，并在需要时能以负担得起的价格获得及时、有效的信贷过程。Mandira Sarma（2012）将普惠金融定义为确保经济社会中的所有成员能够有效使用正规金融服务的一个过程。

2015 年 12 月，国务院印发了《推进普惠金融发展规划（2016—2020 年）》，指出普惠金融是指立足机会平等要求和商业可持续原则，以可负担的成本为有金融服务需求的社会各阶层和群体提供适当、有效的金融服务。小微企业、农民、城镇低收入人群和残疾人、老年人等特殊群体是当前我国普惠金融重点服务对象。时任中国人民银行行长周小川（2015）认为，普惠性金融是指在需要时以合适的价格为每个人提供及时、有尊严、便捷、优质的金融服务。王颖、曾康霖（2016）认为，普惠金融应立足于本末兼重的广义普惠，普惠的包容边界应该覆盖所有人，并提炼出普惠金融基本概念的五个核心要素，即可得性、价格合理性、便利性、安全性、全面性，在要素配置、收入分配和再分配领域要体现政策取向的均等性和反哺性特点。

1.2.2 微型金融机构的可持续发展研究

（1）有关微型金融机构可持续发展的界定

Snow（1999）认为，微型金融可持续发展要以净收入能够覆盖成本作为前提；奥特洛和莱恩（1994）认为，微型金融机构的收费和利息收入能够完全覆盖其资金成本、贷款损失准备、运营成本和通货膨胀等成本，那么就实现了财务可持续。Schreiner（2000）提出，可持续发展是指微型金融机构能够持续性地提供小额信贷服务，并且需要满足在实现当期发展目标的同时不会损害其未来目标的实现；Vento（2006）根据收入能否覆盖营业成本、拨备成本和全部成本的不同情况，将微型金融机构分为补贴依赖型、营业成本自足型、完全营业成本自足型、完全财务自足机构四种类型。

（2）有关微型金融机构可持续发展与金融普惠性的关系研究

微型金融机构发展的早期以扩大对低收入群体的覆盖面作为主要目标，随后开始重视财务的可持续能力，目标逐渐多元化，国际范围内普遍认为微型金融机构具有覆盖面和财务可持续的双重目标，福利主义者和制度主义者对微型金融机构的目标存在一定的争议。

福利主义者认为目标客户的覆盖面比财务可持续性更为重要，取消补贴的市场化运作必然会导致微型金融机构抛弃那些低收入群体，而市场化的贷款利率往往较高，低收入群体大都难以承受。迪希特（1997）认为，微型金融机构采用追求财务可持续的制度主义方式，将会使其注意力和精力从诸如提高弱势群体权益等社会和政治目标中偏离。约翰逊和罗格里（1997）认为，利率较高的商业和信贷增加了穷人的负债和脆弱性。制度主义者则认为金融普惠性等多重目标和微型金融机构的可持续发展是可以兼容的，只有可持续的微型金融机构才能够不断扩大服务范围，提高金融服务的覆盖面（康宁，1999；德雷克和莱恩，2002；拉配努和泽勒，2002）。

（3）有关微型金融机构的可持续发展模式

国际上公认的微型金融机构可持续发展的成功模式有四种，包括孟加拉国的乡村银行模式、玻利维亚的阳光银行模式、印度尼西亚人民银行的乡村信贷模式和国际社区资助基金会的村庄银行模式。Morduch（1999）对这四种模式进行了比较分析，并得出结论，贷款形式一般分为三种类型：小组贷款、个人贷款和乡村银行贷款，并划分为制度性微型金融和福利性微型金融机构两类。谭险峰（2010）从组织机构将我国现有微型金融模式划分为非政府组织、正规金融、正规金融与其他机构联盟、商业化民营微型金融机构四种模式。周孟亮、彭雅婷（2015）将墨西哥的"妇女小组贷款"和印度尼西亚的"个人贷款"模式进行了对比和分析。

1.2.3 可持续发展能力的衡量指标体系

微型金融机构实践中通常选择经营可持续或财务可持续作为其可持续发展能力的衡量指标，Morduch（1999）构建了相对完善的微型金融机构可持续性评价体系，具体包含低收入群体覆盖度、金融服务对目标客户的适应度、社区资本改善度以及微型金融机构所承担的社会责任四个维度及多个指标。Cull 等（2007）对可持续性在盈利能力、财务管理、投资组合质量和生产率方面评估指标的实证结果显示，50%的微型金融机构未能实现可持续发展。欧阳敏华（2009）基于组织可持续性、运营可持续性和财务可持续性三个维度，使用层次分析法和模糊综合评价法量化定性模糊指标，建立了微型金融可持续发展能力的指标评估体系。葛永波等（2011）利用 AHP 方法构建了包括盈利能力、风险管理能力和业务拓展能力的可持续发展衡量指标体系，指出微型金融机构的产品创新与服务质量、员工素质也是其必不可少的影响因素。张正平和何广文（2012）从小额信贷的广度和深度以及小额信贷的财务绩效来研究可持续发展的表现。李延敏等（2016）将组织发展能力、资源、承担社会责任引入评价体系，从组织发展能力视角对机构可持续发展进行分析。

1.2.4 可持续发展影响因素的实证研究

Hermesetal（2011）对 1997～2007 年全球 435 家微型金融机构进行了实证分析，结果显示覆盖率与微型金融机构效率之间存在明显的替代关系。Annim（2012）选取国际 164 家微型金融机构的面板数据，实证结果表明微型金融机构难以满足财务绩效和金融普惠性的双重要求，微型金融机构财务可持续的功利性往往会降低其社会绩效。林堉华（2014）以国际 219 家微型金融机构为研究对象，以经营可持续率（OSS）为衡量可持续发展能力的指标变量，从宏观和微观两个层面分析微型金融机构可持续发展影响因素，建立面板数据模型进行实证回归验证，结果显示微型金融机构的贷款总额占总资产的比重、实际收益率、所处国家的 FDI 占 GDP 比重能够显著促进微型金融机构的可持续发展；而征信信息指数、逾期 30 天以上的风险资产比率和总费用率对微型金融机构可持续发展呈现出不同程度的抑制作用。钟媛媛（2016）运用 BBC－DEA 模型测度微型金融机构的财务效率，选取全球 49 个国家（含中国）的 197 家 MFIs 为样本数据，对其财务效率的宏微观影响因素进行实证研究。微观因素中的资产规模、资产收益率、覆盖深度，宏观环境变量中 MFIs 所在国家的 GDP 增长率和政府效能均对MFIs 的财务效率有显著促进作用；而微观因素中的每笔贷款的平均成本及贷款损失率，宏观环境变量中的监管质量对 MFIs 的财务效率有显著抑制作用。温涛、刘达、王小华（2017）以 499 家微型金融机构数据为样本，分别构建了财务效率和社会效率指标体系，实证结果表明资产规模、自主经营效率和人均贷款规模等因素对微型金融机构的财务效率有明显的正向作用，却不同程度地抑制了微型金融机构社会效率的提高，且自给自足的微型机构既能够实现财务可持续性又能够拓宽社会服务的覆盖度。

从现有的研究文献可以看出，国内外学者在有关普惠金融和可持续发展问题上作出了显著的贡献，但对普惠金融视角下微型金融机构的双重目标冲突与可持续发展问题仍有很大的研究空间和深入研究的必要性。

1.3 研究内容

本书从普惠金融研究的理论基础出发，梳理了普惠金融的发展历程，分析了普惠金融发展的现状和发展水平，系统研究了微型金融机构可持续发展的运行机制，通过构建微型金融机构可持续发展指标评价体系，综合测度国内外不同类型的微型金融机构可持续能力，并对微型金融机构可持续发展的影响进行实证研究，完善基于普惠金融视角的微型金融机构可持续发展的制度优化路径及体系。

第1章为导论。围绕普惠金融微型金融机构可持续发展的问题，介绍了本书研究的背景与研究意义，对比分析国内外相关研究现状及趋势，同时，阐述研究内容、创新点与不足之处。

第2章为普惠金融的理论基础。阐释金融发展理论、金融排斥理论与普惠金融理论的理论沿革，为后续研究奠定理论基础。

第3章为普惠金融的发展历程与发展水平。梳理普惠金融的发展历程，分析普惠金融发展现状，并通过多维度普惠金融指数测算中国普惠金融的发展水平，进一步分析普惠金融对城乡收入等方面的影响。

第4章为微型金融机构可持续发展的理论基础。对微型金融机构可持续发展的内涵进行理论分析，并从贫困人口的金融需求、微型金融是扶贫性金融的制度创新、微型金融是有效的金融扶贫方式三个方面阐释微型金融可持续发展的理论依据。

第5章为微型金融机构可持续发展的内在机制。从团体贷款机制、动态激励机制、贷款申请与还款安排、灵活的抵押担保方式四个方面阐释微型金融机构可持续发展的内在机制，并以中国小额贷款公司作为案例，分析促进可持续发展的运行机制，研究其内在运行机制是否能够保证其可持续发展目标的实现。

第6章为微型金融机构可持续发展的实证评估。构建微型金融机构可持续评价指标体系，通过 AHP 层次分析法测算可持续发展指数，对比国内外不同类型、规模和年限的微型金融机构的可持续性指标，评价微型机构可持续发展状况，对国际微型金融机构可持续发展指数进行测度和评价。同时，以小额贷款公司为评估小额贷款公司可持续发展水平。

第7章为微型金融机构可持续发展的影响因素分析。从微型金融机构可持续发展的财务可持续、组织可持续、机构可持续、宏观环境可持续发展因素四个维度进行定性研究。

第8章为微型金融机构可持续发展影响因素的实证分析。分别基于 MIX 数据库和中国小额贷款公司数据，对普惠性因素与微型金融机构实现可持续发展的关系进行实证分析，探讨普惠金融视角下微型金融机构如何兼顾金融服务的普惠性目标，进而对所有权、普惠性与可持续发展影响因素进行实证研究。

第9章为普惠金融视角下实现微型金融机构可持续发展的制度优化路径。促进微型金融机构实现可持续是一项复杂的系统工程，需要优化制度设计，构建一套内外结合的支持体系。①从机构微观层面看，微型金融机构应当从产品设计、运营模式、公司治理、内控体系等方面加以改进，构建适合微型金融机构发展的管理体系，建立一套有效的激励约束制度；②从行业中观层面看，需要从农村金融机构行业协会建设、信用评级机构发展、完善信息披露制度等方面入手，强化农村金融机构竞争与合作；③从国家宏观层面看，需要政府不断推进农村基础设施建设，完善农村金融监管体制，建立财税激励约束机制，为微型金融机构实现可持续发展创造条件。

1.4 创新点与不足

微型金融机构一方面面临严峻的盈利难题，财务可持续前景堪忧；另一方面微型金融机构数量增长迅猛，但迄今仍缺乏能够系统、准确地评估可持续发展能力的评估体系，本书试图设计一套符合微型金融机构特点的可持续发展能力评估指标体系，并对其可持续发展能力予以定量评估，为机构自身及监管部门及时了解其经营目标的实现情况，增强可持续能力提供借鉴依据。此外，通过对微型金融机构可持续发展影响因素的研究，解析财务可持续能力与覆盖面的关系，为普惠金融背景下，微型金融机构有效的财务绩效管理和构建可持续发展的支持体系提供必要的实证依据。

研究所涉及的数据和案例主要基于公开数据和调研资料，受数据和资料收集难度的限制，本书在实证分析中样本数量有限，无法获得更全面的数据支撑。此外，由于普惠金融体系涉及面较广，很难面面俱到，期望在未来的研究中能够进一步改进和完善。

2　普惠金融的理论基础

2.1　金融发展理论

金融发展理论主要是研究在人类社会发展过程中金融发展与经济增长之间的关系以及金融体系在经济发展中所发挥的作用，并由此制定金融发展政策来促进经济的可持续发展。20 世纪下半叶，哥德史密斯在《金融结构与金融发展》一书中阐释了金融结构论，该结论奠定了金融发展理论的根基。该理论创造性地提出金融发展的实质就是金融机构的优化升级，并使用定量与定性相结合以及地区间横向比较和时间上纵向比较相结合的方法，构建出衡量一个国家金融发展水平与金融机构发展状况的基本指标体系。1973 年，麦金农和肖基于对发展中国家和地区的研究提出了金融抑制论与金融深化论，标志着金融发展理论的真正建立。金融抑制论认为，发展中国家在金融活动中存在着诸多制约因素，利率和汇率管制严格，会使得利率和汇率扭曲，不能真实客观地反映外汇供求与资金供求之间的关系，结果可能会使经济出现倒退。而金融深化论认为金融发展与经济增长之间既能相互促进又可相互制约。一方面，健全的金融结构和体制可以将存款有效地转化为贷款，并用于实际生产过程，从而促进经济增长；另一方面，经济发展能够反哺和刺激金融业的发展，从而使经济和金融之间形成良性循环。1990

年后，金融功能理论开始在学术界流行。金融功能理论的观点是，金融结构体系是否完善不是经济发展的最主要因素，关键在于金融机构是否可以高效地配置金融资源，使资本的边际生产率和全要素生产率达到帕累托最优，以此增进社会福利，促进经济发展。因此，金融功能论以"功能重于形式"为理念，并将支付结算、资源聚集与分配、分散风险作为金融体系的三大核心功能模块。此后，国内外学者在此基础上对金融发展理论进行不断的推演与完善。

2.2　农村金融发展理论

农村金融发展理论是在金融发展一般理论的基础上形成并发展起来的，重点关注以下问题：一是农村金融体系在县域农村经济范畴内扮演什么角色、发挥什么功能；二是如何改进农村金融机构服务方式；三是如何丰富农村金融服务主体，满足农村居民差异性、多样化的金融需求，解决农村地区的金融排斥问题；四是农村金融制度如何促进县域农村经济的可持续发展。农村金融主要服务农村、农业、农民，其理论又有一定的特殊性，在农村金融的发展理论中，逐渐形成农业信贷补贴理论、农村金融市场理论、金融排斥理论等，这些理论推动了农村金融理论的发展。

2.2.1　农业信贷补贴理论

20世纪80年代以前，农业信贷补贴理论是处于主导地位的农村金融理论，该理论的前提是：农村居民储蓄能力较弱，农村面临资金不足的问题。而且由于农业的产业特性（收入的不确定性、投资的长期性、低收益性等），很难成为商业银行的贷款对象。农业信贷补贴理论认为，为增加农业收入和改善农民福利，有必要对农村注入外部政策性资金，并建立非营利性的专门金融机构对资金进行分配。农业信贷补贴理论主要强调政府对农村金融市场的干预，该理论的支持者主要有以下观点：一是政府有干预农村金融市场的必要性和合理性，通过将政策性资金注入农村生产发展过程中，能够有效解决农村贫困问题、促进农村居民收入提高；二是较低的农业融资利率有利于缩小农业同其他行业之间的结构性收入差距。农业信贷补贴理论是"金融抑制论"的观点之一。20世纪中期，这一理论在亚洲一些发展中国家得到了有效实施，通过将低利率资金不断地注入农村体系，解决了农村地区的融资难问题，促进了农村经济的发展。但仅仅依靠政府来解决融资问题的模式避免不了资金回收率和使用效率低下等一系列矛盾，加之对农村金融市场机制的忽视，致使农村金融循环发展的长效机制难以建立。

然而，农业信贷补贴政策会逐渐损害金融市场的可持续发展能力，导致信贷机构活力的衰退，最终表现为农业信贷补贴政策代价高昂，但收效甚微。农业信贷补贴理论的反对者主要有以下观点：一是由于农业的脆弱性，使农业盈利水平低，农村金融机构失去原有意义和储蓄能力，农村金融发展活力不足；二是信贷资金回收率低，农村地区内生性发展动力不足，农村金融机构可持续发展受到严重威胁；三是低息的信贷计划对于刺激农业发展、农民增收效果微乎其微，单纯增加货币供给并不能促使农业、农村资本自发性积累，且可能出现"精英"阶层（如富有农民）俘获低息信贷资金现象（朱一鸣，2020）。

2.2.2 农村金融市场理论

20世纪80年代以来，农村金融市场理论逐渐替代了农业信贷补贴理论。农村金融市场论是在对农业信贷补贴论批判的基础上产生的，更强调市场机制的作用，其主要理论前提与农业信贷补贴论完全相反。该理论认为：第一，农村居民是有储蓄能力的，不需要政府向农村投入资金，只要农户获得储蓄机会，农户就可进行储蓄。第二，政府对农村金融的限制阻碍了农村金融发展，降低了农民储蓄积极性，是造成农村金融资金急缺的重要原因。第三，运用资金的外部依存度过高是导致贷款回收率降低的重要因素。第四，非正规农村金融存在合理性和投资转化是农村地区的储蓄发展方向，所以不应完全限制非正规金融，应加强引导和管理，使其成为正规农村金融机构的有益补充。

农村金融市场论完全依赖市场机制，极力反对政策性金融对市场的扭曲，特别强调利率的市场化。该理论还认为，利息补贴应对补贴信贷活动的一系列缺陷负责，而利率自由化可以使农村金融中介机构能够补偿其经营成本，这样就可以要求它们像金融实体那样运行，承担适当的利润限额；利率自由化也可以鼓励金融中介机构有效地动员农村储蓄，这将使它们更加不依赖于外部的资金来源，同时使它们有责任去管理自己的资金。

农村金融市场理论主张政府应完善农村金融市场机制，推行农村金融市场化改革，但是，农村金融市场理论完全依赖市场机制、极力反对任何干预金融市场的政策，在运行过程中也存在一系列问题。比如，利率的市场化定价机制在改善农户资金需求的同时，降低了农户融资贷款的参与度，融资成本高、缺乏抵押物等因素降低了农村地区的信贷总需求，在促进农村经济长期发展方面的作用比较有限。

2.2.3　不完全竞争市场理论

在农村金融市场存在着严重的信息不对称，信贷资金供给者对信贷资金需求者的资信情况、资金用途等信息难以充分掌握或者信息成本过高，信息不对称造成融资成本上升的同时，逆向选择及道德风险也在增加。为了弥补市场的失灵，政府有必要适当介入金融市场。但是，政府不能取代市场，而是应该依据一定的原则确立监管范围和标准，通过采取间接控制机制来补充市场。

不完全竞争市场理论的主要政策建议有：①政府应当营造一个良好的外部环境，金融市场发展的前提条件是宏观经济稳定；②政府应介入农村金融市场存贷利率的调节，必要时可以采取向农村市场注入资金，调节农村金融存贷利率的增长，有序推进利率市场化进程；③政策性金融在特定领域范围内是有效的，可以针对特定部门适当提供低息贷款；④利用担保融资、使用权担保等办法是有效的，可以改善和缓解信息的不对称性；⑤针对农村非正规金融市场缺乏规范性和低效率，应加大政府的引导力度，发挥其对农村经济建设的支持作用（朱一鸣，2020）。

2.3 金融排斥理论

金融排斥（Financial Exclusion）理论最初是国外金融地理学家的研究议题，是西方金融地理学家"新金融地理"的研究方向之一，研究的重点是金融机构和服务的地理指向性，后来越来越多的经济和社会学家开始关注这个问题。Leyshon 和 Thrift 于 20 世纪 90 年代初最早提出了金融排斥这一新概念。金融机构出于对风险和成本的考虑，不断细分市场，搜索那些更"安全"的市场，即更偏向于那些有影响力的、有权力的群体，而将那些处于劣势的群体分离出去，并关闭了一些在农村及边远地区的分支机构，导致这些地区的金融机构缺乏，产生了金融排斥（FSA，2000）。金融排斥问题的实质是金融资源配置的非均衡状态。金融资源配置的非均衡主要体现在两个方面：一是供需不平衡，即金融资源需求者由于价格或非价格方面的歧视，导致金融需求无法得到满足或只能部分满足；二是结构失衡，即金融资源需求者全面、多样化的产品和服务需求无法满足。金融资源配置非均衡的外在显现是机会排斥、条件排斥、价格排斥等传统金融排斥情形广泛出现在偏远、落后地区和低收入人群间。

金融排斥一般被界定为在金融体系中某些群体缺少分享金融服务的一种状态。这些群体缺少足够的途径或方式接近金融机构，也没有能力以恰当的形式获得必要的金融服务。关于如何判定金融排斥，最受学界推崇的是坎普森与韦利提出的六个维度指标：地理排斥、评估排斥、条件排斥、价格排斥、营销排斥和自我排斥。

2.4 金融抑制与金融深化理论

20 世纪 70 年代初，Mackinon 和 Shaw 提出了金融深化和金融抑制理论，揭示了金融准入壁垒是致使收入差距拉大及贫困深化的深层次原因。

所谓金融抑制，是指一国政府通过对金融活动和金融市场的过多干预从而抑制了金融体系的正常发展。该理论认为，经济发展是金融发展的基础和前提，金融发展又是经济发展的手段和动力；而金融抑制下的金融发展处于严格管控之中，导致资本配置效率降低、信贷资金不足、金融发展环境恶化，影响正常经济增长与经济行为。金融抑制下金融体制特点如下：第一，金融制度高度集中，主要金融产品和服务大多集中在较少的几个银行中，其他金融机构在金融体系中发挥的作用很小，使金融体系缺乏竞争力。第二，金融产品、服务品种少，产品和服务被分配给少数居民、企业，多数居民、企业得不到想要的金融产品、服务。第三，金融活动不规整，金融市场不统一，金融部门呈现出割裂状态。第四，金融法规不健全，不能保障金融体系的良好运行。例如，某些国家的政府对金融机构贷款、存款利率进行了严格限定，利率不能如实反映资金供求，政府又不能克制通货膨胀率，使实际利率与名义利率之间存在较大差距，导致投资需求增大，而金融机构却难吸引到存款，资金缺口变大，致使金融体系发展进入困境。事实上，发展中经济体普遍存在金融抑制与政府过度干预金融市场的现象，使居民储蓄和社会储蓄较低，银行信贷供不应求，进而抑制了国民经济增长的潜在动力。

金融深化是金融抑制的对立面，破除金融抑制的必要路径是金融深化。促进金融深化，政府须取消对金融体系的过多干涉，加强市场在金融体系中的作用，形成金融发展和经济增长的良性循环。为了消除金融抑制，达到缩小收入差距、促进经济持续发展的目标，Mackinon 和 Shaw 进一步提出了金融深化理论。金融深化又称金融自由化，该理论倡导放开金融资产价格限制，尤其是利率管制，取消政府对金融体系的直接干预和人为管制，实现利率自由，鼓励金融机构相互竞争。金融深化理论以发展中经济体为研究对象，系统阐述了金融发展对发展中国家经济增长的推动作用。发展中国家政府对金融活动的过度干预破坏了金融市场调节资金供需的能力，导致金融市场发展失衡。因此，在发展中国家，金融自由化能够增加银行储蓄，进而使储蓄转化为投资，提高经济增长；反之，经济高速增长，可以促进金融机构完善自身的服务和能力，从而达到金融发展、经济增长良性互动的目标。金融深化理论强调金融体系与金融政策对国家经济发展的重要性，是由最初的金融抑制发展到最终的金融包容或金融公平的过程（龚沁宜，2020）。

从经济与金融发展理论来看，金融资源的匮乏是导致贫困群体无法脱贫的主要原因。由于盈利性和发展性的要求，使金融机构不愿意向贫困群体提供金融服务，导致贫困群体无法获得信贷、保险等金融服务，形成金融抑制问题，为了解决金融抑制，普惠金融逐渐发展起来。因此，金融抑制与金融深化理论是普惠金融提出的理论前提。

2.5　金融可持续发展理论

金融可持续发展是白钦先在 1998 年全国金融研讨会上首次提出的，他强调建立以金融资源学说为基础的、基于可持续发展思想的金融体系。

金融资源最早出现在戈德史密斯（1955）的《资本形成与经济增长》一书中，随后被广泛应用，学者们普遍认为金融是一种资源，是一种稀缺资源，是一国最基本的战略资源。将金融作为一种资源，是现代金融理论与传统金融理论的区别所在，现代金融理论打破了传统金融理论仅将资本或资金作为生产要素，而将其他金融要素排除在外的认知，将现代金融活动从传统的中介效应扩展到了经济社会的方方面面，这也正是金融是一种资源的体现。随着经济全球化和金融化以及金融一体化的发展，金融资源的重要性不断显现，如何有效地开发和利用金融资源成为各国经济发展的重要议题。

可持续发展理念早在 20 世纪 60 年代末由挪威首相布伦特兰夫人提出，主要研究环境和生态问题，她指出可持续发展就是在不危害后代满足其需求能力的条件下满足当代人需求的发展。随后，可持续发展理念的覆盖范围从人与自然的发展不断丰富和扩展到人与社会、人与经济以及经济与社会的发展中。白钦先（2001）也将可持续发展理念扩展到了金融领域。可持续发展理念是一种哲学理念，既包含对人类生存发展的实践，又包含对当代人以及子孙后代的人文关怀关爱。而金融作为经济发展中的重要一环，是人类生存发展实践中的重要动力源，也是人文关怀关爱的重要保障，因此，要想实现社会和经济的可持续发展，首先要实现金融的可持续发展。

白钦先和丁志杰（1998）将金融可持续发展定义为，在遵循金融发展的内在客观规律下，建立和健全金融体制，发展和完善金融机制，提高和改善金融资源配置效率，从而实现金融发展的量的积累和质的飞跃，促使金融和经济实现协调、有效、稳定、健康和持续的发展。金融可持续发展不仅包含金融资源"量"的积累，还强调金融结构优化、金融制度完善以及金融环境改善等"质"的飞跃。金融可持续发展以可持续性、公平性、共同性、和谐性以及需求性为原则。可持续性原则强调金融发展应关注金融资源和金融系统的可持续性，并根据经营目标、政策以及体制等因素不断地调整自身以匹配经济社会发展，最终实现经济社会发展的可持续。公平性原则强调金融发展的机会选择公平和信息分享公平。机会选择公平是指各金融机构、金融客户间均存在平等的选择机会，一方不应损害另一方当前以及以后的权益；信息分享公平是金融机构在提供金融服务以及金融客户在申请金融服务时均应向对方提供明晰、准确的金融相关信息。共同性原则强调金融发展是全人类以及全世界的共同责任，需要各国、各地区的共同努力，对金融发展过程中的风险积聚、转化以及转移进行有效的监督、评估、预警和协调。和谐性原则强调金融发展不仅要追求金融机构、金融从业者以及金融需求者之间的长期和谐发展，还要追求金融市场与市场、地区与地区、国与国、现在与未来的和谐发展，最终实现经济社会的和谐发展。需求性原则强调金融发展的出发点和立足点是人的需求（孙英杰，2020）。

3 普惠金融的发展历程与发展水平

3.1 普惠金融的发展历程

普惠金融（Inclusive Financial）一词来源于对英文"Inclusive Financial Sys-tem"和"Inclusive Financial Sector"的定义和描述中，是由联合国和世界银行等国际发展组织提出的概念。要进一步深入了解和把握普惠金融的形成和发展，必须从金融排斥（Financial Exclusion）理论入手进行分析。金融排斥和普惠金融有关，是早先出现的一个重要概念。该概念最初是由 Leyshon 和 Thrift（1993）提出的，指贫困阶层和社会弱势群体由于远离金融服务机构而被排除在主流金融服务体系之外的现象。在此基础上，Kempson 和 Whyley（1999）对其概念进行了拓展，包括了地理排斥、评估排斥、条件排斥、价格排斥、营销排斥、自我排斥六个维度（李春霄、贾金荣，2012；何晓夏、刘妍杉，2014）。

（1）地理排斥

指将无法获得金融服务的客户排除在外，并且必须依靠公共交通系统来接触相距甚远的金融中介。如果没有可依赖的交通系统，或者由于地形关系没有可到达的金融机构，则会产生绝对的金融排斥。它是金融排斥中最显性的状态。

（2）评估排斥

指主流金融机构通过风险评估程序限制了客户获取金融资源。金融机构的审慎经营及风险评估标准，促生了欠发达地区金融市场上的信贷配给制度和"吸储惜贷"的现象。地理排斥会加剧信息不对称问题，促使信贷市场上的评估排斥更加严重。

（3）条件排斥

指通过对金融产品附加严格的条件将某一类人群排除在外。如对低收入人群要求的苛刻的贷款附加条件、担保、偿还能力以及详尽信息，很大程度上将部分具有资金需求的群体排斥在金融服务之外。

（4）价格排斥

指现有金融产品的过高定价导致部分人群的购买能力不足。由于金融机构拥有市场化的自主定价权，对贷款风险较大、还款保证金不足的客户群体往往采取高价策略。而收入水平较低的群体，通常难以接受市场化条件下金融产品和服务的价格，从而加剧了价格排斥。

（5）营销排斥

指金融机构在进行金融产品的营销时对某类人群进行了主观忽视，从而导致了金融服务的地区歧视与客户歧视。经济欠发达地区、农村地区由于经济风险高、产品化程度较低、经营分散等特点，导致金融机构缺乏向此类地区及弱势群体服务的动力。

（6）自我排斥

指居民对金融服务有需求，但由于过去在申请金融产品时被拒绝，或听说很难获得，或对金融产品不了解而主动放弃申请使用该产品。由于金融机构的金融服务难以适应农村信贷消费群体的实际需要；同时，出于金融文化的缺失和欠缺，部分客户对现代金融体系的不熟悉，自行将自己排除在现代金融体系之外了。

普惠金融理论的产生经历了从小额贷款到微型金融，再到普惠金融阶段的发展历程。

（1）小额信贷阶段

现代意义上的小额信贷也称小额贷款，孕育于 20 世纪 70 年代，代表性事件是格莱珉乡村银行在孟加拉、行动国际在拉美以及自主创业妇女协会银行在印度的小额信贷实践。

（2）微型金融阶段

20 世纪 80 ~ 90 年代，一些小额信贷机构除了提供信贷业务外，还向贫困和低收入人群提供存款、保险和汇款等其他金融服务。微型金融相较于小额信贷，其内涵更加丰富。

（3）普惠金融阶段

随着经济的发展和金融制度的不断创新，金融服务亟须建立一个更加完善和有效的支持体系。2005 年，联合国在国际小额信贷年中正式提出普惠金融的概念。普惠金融强调能够以可负担的成本为所有没有享受到或没有充分享受到金融服务的群体提供全方位、可持续的金融服务，注重制度、产品和机构的创新，强调社会责任。

根据普惠金融发展的理论基础及发展历程，本书将普惠金融界定为：普惠金融是指立足机会平等要求和商业可持续原则，为那些没有享受到或者没有充分享受到金融服务的社会群体提供全方位、可持续的金融服务，最大程度地满足包括经济弱势群体在内的全社会各阶层和群体的金融需求。小微企业、农民、城镇低收入人群、残疾人、老年人等特殊群体都是当前我国普惠金融的重点服务对象。

3.2 普惠金融的发展现状

3.2.1 金融服务覆盖率逐年提升

2009～2016 年，我国 31 个省份银行业金融机构网点数、从业人员数都在稳步增长，金融机构网点数由 2009 年的 188830 个增长到 2016 年的 225652 个，从业人员由 2009 年的 2870156 人增长到 2016 年的 3862775 人，如图 3－1、图 3－2 所示。

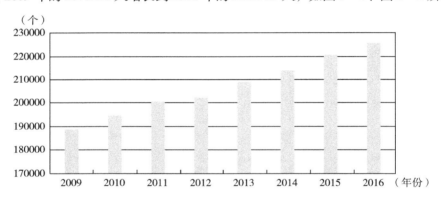

（个）

图 3－1 2009～2016 年我国 31 个省份银行业金融机构网点数

资料来源：根据 31 个省份的区域运行报告计算得出。

3.2.2 金融服务深度不断加深

2009～2016 年，我国本外币人均各项存款余额、贷款余额保持稳步增长态势，本外币人均存款余额由 2009 年的 53529 元增长到 2016 年的 119874 元，本外币各项贷款余额由 2009 年的 35780 元增长到 2016 年的 85752 元，如图 3－3 所示。2009～2016 年，我国保险深度、密度虽然有时增长有时下降，但总体趋势是在上升的，如图 3－4 所示。

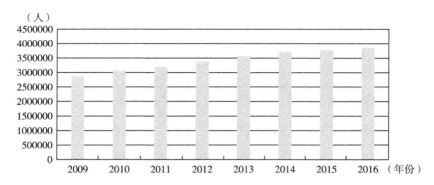

图 3 - 2　2009～2016 年我国 31 个省份银行业金融机构从业人员数

资料来源：根据 31 个省份的区域运行报告计算得出。

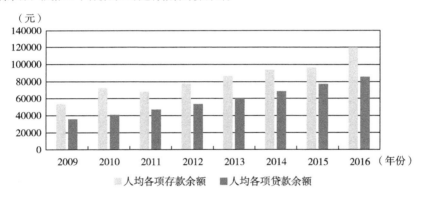

人均各项存款余额　　人均各项贷款余额

图 3 - 3　2009～2016 年我国人均各项存、贷款余额

资料来源：历年《中国金融年鉴》。

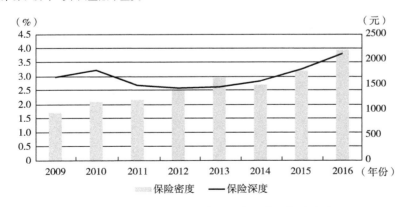

保险密度　　保险深度

图 3 - 4　2009～2016 年我国保险深度、保险密度

资料来源：历年《中国金融年鉴》。

3.2.3 金融服务可负担度不断增强

金融服务可负担度表示获取的金融服务是否在金融服务使用者的可负担范围内，可负担性越强，表示金融服务使用者可以享受到更多、更好的金融服务，满足金融使用者的金融服务需求。用人均贷款余额占人均可支配收入的比例来表示金融服务可负担度，当比值大于 1 说明可负担度强，比值小于 1 说明可负担度弱，2009～2016 年我国人均贷款余额占人均可支配收入的比例总体呈现上升趋势，但是在 2013 年之前可负担度相对较弱，2013 年以后我国金融服务可负担度稳步增加，如图 3－5 所示。

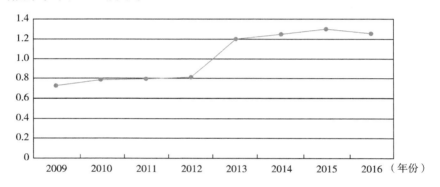

图 3－5　2009～2016 年我国金融服务可负担度

资料来源：根据历年统计年鉴数据计算得出。

3.3　普惠金融的发展水平与影响因素

3.3.1　普惠金融发展水平测度与影响因素分析

3.3.1.1　普惠金融发展水平的测度方法

本书从三个维度测度我国 31 个省份普惠金融发展水平，包括金融服务覆盖面、金融服务深度和金融服务可负担度，通过构建 IFI 值对我国 31 省份普惠金融发展水平进行定量测度。其中，金融服务覆盖面包括四个指标，分别为地区每万人银行业金融机构网点数、从业人员数、地区每万平方公里网点数、从业人员数；金融服务深度包括四个指标，分别为本外币各项人均存款余额、贷款余额、保险深度、保险密度；金融服务可负担度包括一个指标，用人均贷款余额与人均可支配收入的比值来表示。

（1）指数测算方法

本书根据 Mandira Sarma（2008）提出的多维度普惠金融指数（Inclusive Financial Index，IFI）来构建普惠金融服务水平评价指标体系，具体的方法为：基于普惠金融体系的多维度性，首先计算普惠金融各维度值，然后赋予各维度一定的权重，最后综合计算普惠金融指数（IFI）。维度值计算公式如下：

$$d_i = w_i \frac{A_i - Min_i}{Max_i - Min_i} \tag{3-1}$$

其中，w_i 为维度 i 的权重，$0 \leqslant w_i \leqslant 1$，$w_i$ 为维度 i 的实际值，Min_i 为维度 i 的低值，Max_i 为高值，可见 $0 \leqslant d_i \leqslant w_i$。$d_i$ 值越大，衡量普惠金融的维度 i 越显著。同时考虑 n 维度时，一国普惠金融发展度可以在 N 维空间上以点 $X = (d_1, d_2, d_3, \cdots, d_n)$ 表示，点 $O = (0, 0, 0, \cdots, 0)$ 代表最差的金融排斥情况，点 $W = (w_1, w_2, \cdots, w_n)$ 代表最高的金融包容程度。任意一点 X 距离 O 越远或者距 W 越近，则普惠程度越高。设 X_1 为 X 与 O 间的标准化欧氏距离，X_2 为 X 与 W 间欧氏距离，X_1 与 X_2 计算如下，并用简单算术平均值计算得到普惠金融指数（IFI）。

$$X_1 = \frac{\sqrt{d_1^2 + d_2^2 + \cdots + d_n^2}}{\sqrt{w_1^2 + w_2^2 + \cdots + w_n^2}} \tag{3-2}$$

$$X_2 = 1 - \frac{\sqrt{(w_1 - d_1)^2 + (w_2 - d_2)^2 + \cdots + (w_n - d_n)^2}}{\sqrt{w_1^2 + w_2^2 + \cdots + w_n^2}} \tag{3-3}$$

$$IFI = \frac{X_1 + X_2}{2} \tag{3-4}$$

（2）测度指标选取

本书选取了三个维度、九个指标来衡量普惠金融发展水平。三个维度分别为金融服务覆盖面广度、金融服务深度及金融服务可负担度。由于我国当前的金融体系仍以银行为主体，所以在金融服务覆盖面广度方面，选取地区每万人银行业金融机构网点覆盖率、地区每万人银行业金融机构从业人员数、地区每万平方千米银行业金融机构网点覆盖率、地区每平方公里银行业金融机构从业人员数作为具体指标；在金融服务深度方面，选取地区人均各项存款余额、地区人均各项贷款余额、保险密度、保险深度作为具体指标；在金融服务可负担度方面，选取地区人均贷款余额占人均可支配收入占比作为指标。先用变异系数法来确定各指标在普惠金融指数中所占的比例权重，采用变异系数来衡量各指标取值的不同程度，以消除差异指标量纲不同的问题。

变异系数是标准差与平均数的比值，分别计算第 i 项指标的平均数 $\bar{x}_i$ 和标准差 $\delta_i = 1, 2, \cdots, n$，则其变异系数为 $V_i = \dfrac{\delta_i}{\bar{x}_i}$；然后，加总求其和 $\sum\limits_{i=1}^{n} V_i$。由此，得到各指标的权重 $w_i = V_i / \sum\limits_{i=1}^{n} V_i$。指标构造及权重计算结果如表 3-1 所示。

表 3-1　计算普惠金融指数的维度、指标体系及权重

衡量维度	具体指标	平均权重
金融服务覆盖面广度	地区每万人银行业金融机构网点覆盖率	0.02
	地区每万人银行业金融机构从业人员数	0.04
	地区每万平方千米银行业金融机构网点覆盖率	0.20
	地区每万平方千米银行业金融机构从业人员数	0.28
金融服务深度	地区人均各项存款余额	0.14
	地区人均各项贷款余额	0.11
	保险密度（元/人）	0.10
	保险深度（%）	0.05
金融服务可负担度	地区人均贷款余额占人均可支配收入占比	0.06

（3）数据来源

用于计算各指标实际值所用的原始数据全部来自《中国金融年鉴》《中国统计年鉴》《区域金融运行报告》，中国人民银行及其派出机构、银监会、各地银监局官网。其中，金融服务覆盖面数据来自31个省份的区域运行报告，金融服务深度数据来自《中国金融年鉴》及《中国统计年鉴》，金融服务可负担度数据通过上述数据计算得出，有些数据在《中国金融年鉴》《中国统计年鉴》中缺失，通过查找中国人民银行、银监会及其派出分支机构的相关资料得出，以保证数据来源权威正确。

3.3.1.2 普惠金融发展水平的实证分析

（1）测度结果

2009～2016年我国各省份普惠金融指标 IFI 测度及排名如表 3 - 2 所示。

表 3 - 2 2009～2016 年我国 31 个省份普惠金融指数（IFI）的测度及排名

年份 地区	2009	2010	2011	2012	2013	2014	2015	2016	均值	排名
北京	0.637	0.576	0.540	0.517	0.473	0.478	0.546	0.555	0.540	2
天津	0.404	0.354	0.383	0.369	0.347	0.328	0.365	0.365	0.364	3
河北	0.103	0.093	0.087	0.080	0.085	0.072	0.089	0.078	0.086	15
山西	0.108	0.098	0.098	0.089	0.097	0.075	0.098	0.153	0.102	11
内蒙古	0.081	0.253	0.078	0.078	0.071	0.060	0.070	0.085	0.097	13
辽宁	0.144	0.142	0.141	0.128	0.133	0.119	0.138	0.132	0.135	7
吉林	0.087	0.081	0.075	0.070	0.073	0.062	0.078	0.091	0.077	17
黑龙江	0.073	0.063	0.064	0.061	0.063	0.055	0.066	0.068	0.064	23
上海	0.918	0.844	0.887	0.862	0.910	0.897	0.782	0.845	0.868	1
江苏	0.192	0.176	0.187	0.183	0.180	0.165	0.188	0.194	0.183	5
浙江	0.244	0.215	0.232	0.221	0.211	0.200	0.216	0.209	0.219	4
安徽	0.079	0.076	0.073	0.063	0.070	0.060	0.075	0.079	0.072	20
福建	0.118	0.107	0.114	0.110	0.113	0.101	0.113	0.112	0.111	9
江西	0.060	0.051	0.054	0.051	0.056	0.047	0.059	0.067	0.056	26

续表

年份 地区	2009	2010	2011	2012	2013	2014	2015	2016	均值	排名
山东	0.133	0.119	0.126	0.116	0.121	0.107	0.116	0.123	0.120	8
河南	0.091	0.087	0.088	0.200	0.087	0.073	0.087	0.092	0.101	12
湖北	0.080	0.076	0.073	0.070	0.070	0.062	0.067	0.077	0.072	21
湖南	0.065	0.055	0.057	0.051	0.053	0.043	0.051	0.060	0.054	28
广东	0.185	0.163	0.166	0.163	0.160	0.147	0.169	0.138	0.161	6
广西	0.039	0.034	0.037	0.033	0.038	0.029	0.035	0.048	0.037	31
海南	0.076	0.071	0.079	0.073	0.079	0.069	0.089	0.097	0.079	16
重庆	0.112	0.108	0.112	0.103	0.108	0.097	0.087	0.099	0.103	10
四川	0.078	0.087	0.076	0.069	0.072	0.066	0.077	0.084	0.076	19
贵州	0.035	0.034	0.033	0.029	0.038	0.037	0.047	0.061	0.039	30
云南	0.049	0.046	0.039	0.033	0.040	0.035	0.042	0.050	0.042	29
西藏	0.039	0.035	0.040	0.041	0.053	0.064	0.081	0.100	0.057	25
陕西	0.083	0.079	0.077	0.069	0.073	0.067	0.081	0.085	0.077	18
甘肃	0.051	0.052	0.047	0.044	0.050	0.049	0.066	0.077	0.055	27
青海	0.062	0.058	0.065	0.066	0.072	0.071	0.084	0.093	0.071	22
宁夏	0.093	0.087	0.090	0.084	0.075	0.081	0.098	0.099	0.088	14
新疆	0.065	0.066	0.061	0.059	0.063	0.058	0.066	0.068	0.063	24

（2）普惠金融发展水平的比较

对 31 个省份 2009~2016 年的 IFI 指数分析如下：

第一，2009~2016 年我国 31 个省份普惠金融指数（IFI）呈上升趋势，表明我国普惠金融发展水平呈稳步发展趋势。

第二，去掉均值最高的上海和均值最低的广西后计算得到 IFI 各省份平均值为 0.116，大于 0.116 的有 8 个省份，小于 0.116 的有 23 个，普遍介于 0.037~0.116，说明我国大多数地区的普惠金融发展水平比较低，且各地区普惠金融发展水平不均衡。

第三，普惠金融发展水平呈现地区间差异。东部地区的普惠金融发展水平高于西部地区，经济发达地区高于经济欠发达地区，人口密集地区高于人口稀疏地区，表明我国普惠金融发展水平地区差异较大。

3.3.1.3 普惠金融发展水平的影响因素分析

（1）普惠金融发展的影响因素

本部分将通过实证方法，具体考察普惠金融发展水平的影响因素。借鉴国内外的相关研究成果，结合中国普惠金融发展的实践，将普惠金融发展水平的影响因素选取分为以下六个，具体如表3-3所示。

表3-3　普惠金融发展水平影响因素

解释变量	解释变量名称	解释变量计算方法
Y1	政府政策支持	政府一般公共预算支出/地区GDP
Y2	道路密度	公路里程数/地区面积
Y3	城乡收入差距	城镇居民可支配收入与农村居民可支配（纯收入）之差的对数
Y4	经济发展水平	地区人均GDP
Y5	就业水平	就业人数/常住人口
Y6	城镇化率	城镇人口/常住人口

政府政策支持（Y1）：一般而言，政府的政策支持对于普惠金融的发展具有一定的影响，政策支持多的地区普惠金融发展程度一般较高。此处采用政府一般公共预算支出占地区GDP的比值来表示政策支持变量。

道路密度（Y2）：交通建设能提高金融供需双方接触的便利程度，降低金融服务成本。此处采用各县域公路里程与总面积的比值来表示道路密度。

城乡收入差距（Y3）：地域之间的收入差距通常会导致金融机构远离落后地方，从而制约普惠金融的发展。此处采用各省市城镇居民人均可支配收入减去农村居民人均可支配收入的对数来表示城乡收入差距。

经济发展水平（Y4）：一般认为经济发展水平越高的地区金融发展水平也越高。此处采用地区人均GDP来表示经济发展水平。

就业水平（Y5）：一般认为就业水平高的地区金融需求较高，金融发展水平也相对较高。此处采用就业人员数与地区常住人口的比值来表示就业水平。

城镇化率（Y6）：许多学者在研究普惠金融影响因素时认为城镇化水平越高的地方金融发展水平也越高。此处采用城镇人口与地区常住人口的比值来表示城镇化率。

（2）数据来源

本书选取全国31个省份2009~2016年的宏观数据，通过实证分析检验普惠金融发展的影响因素。数据指标的选取遵循可获得性、合理性及可操作性，其中，各地区国内生产总值GDP、城镇人口、人均可支配收入、地区常住人口、公路里程数、政府一般财政支出指标数据来源于《中国统计年鉴》《中国金融年鉴》《区域金融运行报告》，以及国家统计局、中国人民银行、银监会等机构，实证部分数据处理使用Stata14软件。

（3）普惠金融发展水平的影响因素的实证结果

本书选择面板数据回归模型分别检验固定效应和随机效应，通过 Hausman 检验确定最终选择的模式形式。

1）计量模型的选择。根据研究需要，建立以下面板数据模型：

$$IFI_{it} = \beta_1 Y1_{it} + \beta_2 Y2_{it} + \beta_3 \ln Y3_{it} + \beta_4 Y4_{it} + \beta_5 Y5_{it} + \beta_6 Y6_{it} + \varepsilon \qquad (3-5)$$

其中，i 表示不同影响因素，t 表示截面变量观测时期。IFI 表示普惠金融指数；Y1 表示政府政策支持，Y2 表示道路密度，Y3 表示城乡收入差距，Y4 表示经济发展水平，Y5 表示就业水平，Y6 表示城镇化水平，ε 表示模型的常数项。

2）固定效应和随机效应模型。从表3-4可以看到固定效应模型回归结果中，Y1 和 Y6 系数为正且显著，Y2、lnY3、Y5 系数为负且不显著；在随机效应模型回归结果中，Y1、Y2、Y6 系数为正且显著，lnY3、Y5 系数为负但不显著，lnY4 系数为负且显著；其中，固定效应的拟合度 $R^2 = 0.1435$，大于随机效应的拟合度 $R^2 = 0.1045$，据此并不能确定到底选用固定效应模型还是选用随机效应模型，还需要进行 Hausman 检验。

表 3-4　拟合固定效应与回归效应结果

变量	固定效应模型		随机效应模型	
	Coef	P	Coef	P
C	0.5456688	0.000	0.8159121	0.000
Y1	0.1644149	0.007	0.151704	0.004
Y2	-0.0329359	0.376	0.0704933	0.011
lnY3	-0.0245344	0.157	-0.0314268	0.091
lnY4	-0.0384394	0.031	-0.0808131	0.000
Y5	-0.0201243	0.696	-0.0314268	0.570
Y6	0.4105547	0.000	0.7169312	0.000
R^2	0.1435		0.1045	
Hausman 检验	$\chi^2 = 2972.92$　P = 0.0000			

3）Hausman 检验。原假设 H_0：随机效应模型比固定效应模型更合理；H_1：固定效应模型比随机效应模型更合理。

从 Hausman 检验结果可以看到卡方统计量为 2972.92，对应的伴随概率为 0.0000，因此，应该拒绝随机效应和固定效应的系数无系统差异的原假设 H_0，选择固定效应模型更合适，因此本书选择固定效应模型报告影响因素的实证结果。

4）实证结果分析。从表 3-4 来看，政府政策支持（Y1）、城镇化率（Y6）系数为正且显著，政府政策支持（Y1）系数为 0.1644149，城镇化率（Y6）系数为 0.4105547，经济发展水平（lnY4）系数为负且显著，系数为 -0.0384394，Y2、lnY3、Y5 系数为负且不显著，系数分别为 -0.0329359、-0.0245344、-0.0201243，这些数据表明选取的指标对普惠金融发展水平指数（IFI）是有影响的，有正相关且显著，有负相关且显著，也有不显著。

具体来看，政府政策支持（Y1）变量系数为正且显著，表明地区间政府的一般公共财政支出占地区 GDP 比重对普惠金融的发展水平是有正向影响的，政府政策支持力度大的地区，更加有利于普惠金融水平的发展；城镇化率（Y6）变量系数为正且显著，表明各省份的城镇化水平高低影响着普惠金融发展水平，城镇化水平高的省份，普惠金融发展水平也高，省份的城镇化水平越高，金融资源就越会向城镇化水平高的省市流动，普惠金融发展水平也就越高。经济发展水平（lnY4）系数为负且显著，说明落后地区的普惠金融发展水平更高，这与现有研究有一定的差异，可能与研究 31 个省份普惠金融发展水平选取的指标有关。道路密度（Y2）、城乡收入差距（lnY3）、就业水平（Y5）系数为负但不显著，说明这些指标虽然对普惠金融发展水平指数（IFI）有影响，但不是显著的影响因素。

5）分析结论。本部分采用普惠金融发展指数（IFI）对我国 31 个省份 2009~2016 年的普惠金融发展水平进行了测度，并进一步研究了普惠金融发展水平的影响因素，通过实证分析，得出以下结论：

第一，我国普惠金融服务主体以银行为主，银行业金融机构网点多、从业人员多的省份普惠金融发展水平要高于网点少从业人员少的省份，各省份间存在地区发展差距。城乡居民收入差距越大，贫富差距也越大，地区经济发展越落后，金融机构提供金融服务的意愿越差，普惠金融发展水平越低。

第二，2009~2016 年我国普惠金融发展水平处于上升趋势，但普惠金融发展的平均值较低，说明我国普惠金融整体发展水平还有待提高。普惠金融发展水平存在不均衡现象，经济发展较快且综合实力强的地区，普惠金融发展水平也较高，如北京、上海。

第三，普惠金融发展水平受到许多因素的影响。实证研究发现，政府政策支持、城镇化率对普惠金融发展水平存在显著的正向影响，城乡收入差距对普惠金融发展水平存在显著的负向影响，交通便利程度、就业率、经济发展水平对普惠金融发展水平的影响不显著。由于本书数据受可获得性等客观因素的影响，以上实证研究有待进一步深入。

3.3.2 普惠金融发展水平测度与影响因素的区域分析——以广西为例

广西壮族自治区属西南欠发达地区，相较于长三角、珠三角地区，经济发展相对落后。近年来，广西壮族自治区重点发展普惠金融，为小微企业、农民、城镇低收入人群提供便捷、综合的金融服务。2018 年，广西壮族自治区人民政府办公厅发布的《广西推进普惠金融发展实施方案》对"三农"和小微企业的金融服务进行了全面部署。

本书选用 2008～2017 年广西各地级市的面板数据，构建了广西普惠金融发展指数，并对普惠金融水平进行了纵向和横向分析，进一步根据动态面板数据模型，对广西普惠金融发展的影响因素进行实证分析。

3.3.2.1 广西普惠金融服务需求现状

（1）"三农"对金融服务的需求

广西重视"三农"工作及乡村经济发展，积极出台各类政策支持农村金融发展。在涉农信贷方面，2009～2016 年涉农贷款逐年增加，广西对农业发展的信贷支持力度逐年增强。然而，涉农贷款余额同比增速整体呈下降趋势，2015 年下降至 9.56%，2016 年上升至 12.70%。因此，虽然涉农贷款的绝对值随着政策的支持而增加，但增速放缓。2009～2016 年广西本外币涉农贷款余额趋势如图 3-6 所示。

同时，广西大力发展农村金融机构，支持扩大农村金融机构网点。根据《广西壮族自治区金融运行报告（2018 年）》，小型农村金融机构占金融机构的38%，处于主体地位。2017 年，小型农村金融机构网点数平稳增加，增加到2392 个。从业人数呈波动增加趋势，达到 25020 人；资产总额呈迅速上升趋势，从 2008 年的 1560.3 亿元增加到 2017 年的 7929 亿元。2008～2017 年广西小型农村金融机构情况如图 3-7 所示。

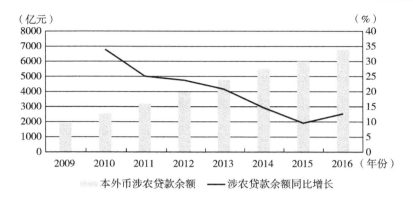

图3－6　2009～2016 年广西本外币涉农贷款余额趋势

资料来源：中国人民银行。

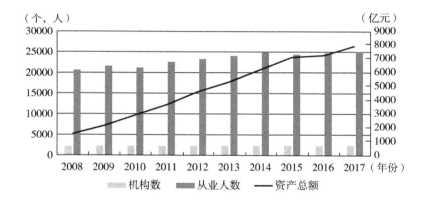

图3－7　2008～2017 年广西小型农村金融机构情况

资料来源：中国人民银行。

（2）小微企业对金融服务的需求

广西各部门、各地级市相继出台优惠政策给予小微企业贷款支持，小微企业贷款逐步实现了增量、增速和增速差"三升"局面。小微企业贷款余额呈逐年上升趋势，反映出金融机构持续加大对小微企业的支持力度，有效提升了普惠金融服务的渗透性。截至 2018 年 5 月，广西小微企业贷款余额 6124.5 亿元，同比

增长 14.76%，比同期各类贷款增速高出 2.03 个百分点。2010～2018 年广西小
微企业贷款情况如图 3-8 所示。

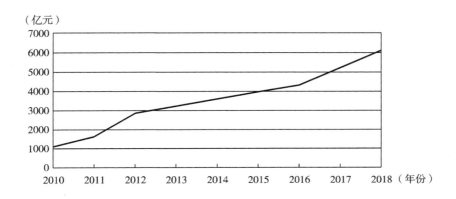

图 3-8　2010～2018 年广西小微企业贷款余额情况

资料来源：广西壮族自治区人民政府门户网站。

3.3.2.2　广西金融机构覆盖面现状

（1）金融机构网点数量

2008～2017 年，广西金融机构数增加了 1750 个，增幅高达 38.49%，从业
人员数也由 66231 人增加到 91368 人，增幅达到了 37.95%。2008～2017 年广西
金融机构及从业人员情况如表 3-5 所示。2008～2017 年，广西金融机构和从业
人员数量均逐年增加，其中 2008 年分别同比减少 13.96% 和 1.18%，2017 年分
别同比减少了 4.68% 和 5.02%。主要原因是 2008 年金融体制改革和国有股份制
商业银行从多数县域退出；2009～2016 年金融体系更加多元化，小型农村金融
机构、城市商业银行、股份制商业银行逐步丰富。从人口密度上看，每万人拥有
金融机构数从 0.944 个增加到 1.289 个，但总体数量不足。每万人拥有从业人员
数从 13 人增加到 18 人，处于较低水平。从地理密度上看，每万平方千米金融机
构数从 192.10 个增加到 266.03 个，处于较低水平；每万平方千米从业人员数从
2798 个增加到 3860 个，增幅较大。

表3-5 2008~2017年广西金融机构及从业人员情况 单位：个，人

年份	金融机构数	每万平方千米金融机构数	每万人拥有金融机构数	从业人员数	每万平方千米从业人员数	每万人拥有从业人员数
2008	4547	192.10	0.944	66231	2798	13.75
2009	5384	227.46	1.109	73646	3111	15.17
2010	5414	228.73	1.174	76347	3225	16.56
2011	5477	231.39	1.179	80332	3394	17.29
2012	5663	239.25	1.21	84736	3580	18.1
2013	5793	244.74	1.228	88825	3753	18.82
2014	5984	252.81	1.259	91282	3856	19.2
2015	6174	260.84	1.287	91431	3863	19.06
2016	6606	279.09	1.365	96194	4064	19.88
2017	6297	266.03	1.289	91368	3860	18.7

资料来源：中国人民银行官方网站、国家统计局官方网站。

总的来说，广西金融机构的营业网点和从业人员不断增加，有效地提高了普惠金融的供给水平，使更多的客户享受金融服务，但整体水平仍偏低。

（2）金融机构贷款规模

广西处于经济转型期，存在巨大的信贷需求缺口。截至2017年，广西人民币贷款保持较快增长，但增速同比下降明显。年末贷款余额23226.14亿元，同比增长12.53%，增速同比下降了1.39个百分点，全年增加2585.6亿元，同比增加64.36亿元。2008~2017年广西金融机构人民币贷款增长情况如图3-9所示。

《广西壮族自治区金融运行报告（2018）》显示，新增贷款中有46%为固定资产贷款，扶贫贷款余额同比增长26.8%，这改善了"一带一路"的建设和企业生产，为薄弱环节提供了持续有效的信贷支持。

3.3.2.3 广西普惠金融水平测度

本部分构建广西普惠金融发展指数，测算2008~2017年广西13个地级市的普惠金融水平，并对广西各地市的普惠金融发展水平进行对比分析。

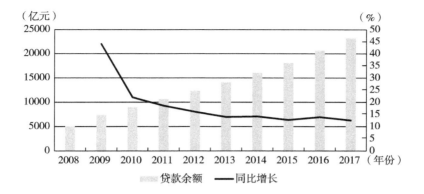

图 3 – 9 2008 ~ 2017 年广西金融机构人民币贷款增长变化

资料来源：中国人民银行南宁中心支行官方网站。

（1）普惠金融水平测度方法

运用综合得分法测度广西普惠金融发展水平，该值不仅可以衡量广西不同时期普惠金融发展水平，还可以反映同期不同地级市的普惠金融发展动态水平。

本部分参考 Mandira Sarma（2008）和谢胜峰（2014）的研究，计算广西普惠金融发展指数（IFI），分为以下三个步骤：

第一步，定权重。为消除不同指标维度的影响，使用变异系数法来确定指标权重。首先计算各指标的变异系数 V_i，即第 i 项指标的标准差 σ_i（$i = 1$，2，3，…，n）与其平均值 $\overline{X_1}$ 之比，为：

$$V_i = \frac{\sigma_i}{X_1} \tag{3-6}$$

然后加总求和 $\sum\limits_{i=1}^{n} V_i$，用式（3 – 6）中求得的变异系数 V_i 除以各变异系数之和 $\sum\limits_{i=1}^{n} V_i$，得出各指标权重 μ_i 为：

$$\mu_i = \frac{V_i}{\sum\limits_{i=1}^{n} V_i} \tag{3-7}$$

第二步，指标标准化。由于各指标的维度不同，需要进行标准化。假设普惠金融领域有 n 个维度，且 $n \geq 1$，D_i 表示第 i 个维度，沿用翟帅（2015）改进的极差法公式如下：

$$D_i = \mu_i \frac{A_i - \overline{Y_i}}{Y_i - y_i} \qquad (3-8)$$

其中，D_i 作为衡量数据采样区间各观测值之间的离散程度，μ_i 为维度 i 的权重，且 $\mu_i \in (0, 1)$，A_i 表示第 i 个维度的实际观测值，$\overline{Y_i}$ 表示第 i 个维度的平均值，Y_i 表示第 i 个维度的最大值，y_i 表示第 i 个维度的最小值。因此，$A_i \in (y_i, Y_i)$，且 $D_i \in (-\infty, \mu_i)$。

第三步，计算 IFI 值。当同时考量 n 个维度时，普惠金融维度可以在 N 维空间表示成点 $X = (D_1, D_2, D_3, \cdots, D_n)$，点 $O = (0, 0, 0, \cdots, 0)$ 说明存在完全金融排斥，普惠金融水平最低，点 $\mu = (\mu_1, \mu_2, \mu_3, \cdots, \mu_n)$ 说明存在完全金融相容，惠金融水平最高。点 X 距点 O 越远或距点 μ 越近，普惠金融水平越高。

设 X_1 为点 X 与点 O 之间的标准化欧式距离，X_2 为点 X 与点 μ 之间的欧式距离，则 X_1 与 X_2 计算公式如下：

$$X_1 = \frac{\sqrt{D_1^2 + D_2^2 + \cdots + D_n^2}}{\sqrt{\mu_1^2 + \mu_2^2 + \cdots + \mu_n^2}} \qquad (3-9)$$

$$X_2 = 1 - \frac{\sqrt{(\mu_1 - D_1)^2 + (\mu_2 - D_2)^2 + \cdots + (\mu_n - D_n)^2}}{\sqrt{\mu_1^2 + \mu_2^2 + \cdots + \mu_n^2}} \qquad (3-10)$$

X_1 和 X_2 的简单算术平均值为普惠金融发展指数（IFI）：

$$IFI = \frac{(X_1 + X_2)}{2} \qquad (3-11)$$

其中，$IFI \in (0, 1)$。$IFI < 0.3$ 时，表明普惠金融发展水平较低；$0.3 \leq IFI \leq 0.5$ 时，表明普惠金融发展水平为中等；$IFI > 0.5$ 时，表明普惠金融发展水平较高"（Mandira Sarma，2008）。

（2）指标选取与数据来源

指标选取上借鉴了 Mandira Sarma（2008）、李博（2018）等国内外相关研究关于构建 IFI 的方法，选取金融服务的可获得性和金融服务的使用有效性两个维度共计六个指标来计算 IFI。广西普惠金融水平测度指标体系如表 3−6 所示。

表 3−6　广西普惠金融水平测度指标体系

主维度	子维度	相关指标
金融服务的可获得性	可获得存款	人均存款余额
	可获得贷款	人均贷款余额
金融服务的使用有效性	存款情况	存款余额占 GDP 比重
	贷款情况	贷款余额占 GDP 比重
	保险情况	保险深度：保费收入/GDP
		保险密度：保费收入/常住人口

注：相关数据来源于《广西金融年鉴》《广西壮族自治区金融运行报告》等统计资料，以及国家统计局、中国人民银行南宁中心支行、中国保监会等机构网站。

（3）广西普惠金融测度结果

运用式（3−7）确定指标权重，广西普惠金融指标体系各指标权重如表 3−7 所示。

表 3−7　广西普惠金融指标体系各指标权重

指标维度（D_i）	具体指标	指标代码	权重（μ_i）
金融服务的可获得性	人均存款余额	d_1	0.225
	人均贷款余额	d_2	0.243
金融服务的使用有效性	存款余额占 GDP 比重	d_3	0.062
	贷款余额占 GDP 比重	d_4	0.082
	保险深度	d_5	0.109
	保险密度	d_6	0.278

可以看出，在六个指标中权重最大的是保险密度，权重值为 0.278，说明保险密度在普惠金融指数中的作用最大。其次，运用式（3-8）计算指标标准化，得出 d_i，再运用式（3-9）到式（3-11）得出 2008～2017 年广西普惠金融发展指数，结果如表 3-8 所示。

表 3-8　2008～2017 年广西普惠金融发展指数结果

年份	d_1	d_2	d_3	d_4	d_5	d_6	IFI
2008	-0.114	-0.119	-0.032	-0.042	-0.020	-0.107	0.003
2009	-0.087	-0.089	-0.003	-0.007	-0.019	-0.093	0.003
2010	-0.056	-0.060	-0.004	-0.009	-0.012	-0.070	0.002
2011	-0.038	-0.038	-0.014	-0.013	-0.028	-0.046	0.001
2012	-0.011	-0.015	-0.005	-0.007	-0.026	-0.028	0.005
2013	0.015	0.008	0.001	-0.003	-0.019	-0.007	0.031
2014	0.034	0.034	0.003	0.005	-0.011	0.006	0.094
2015	0.060	0.060	0.011	0.013	0.015	0.062	0.233
2016	0.087	0.092	0.015	0.021	0.038	0.113	0.384
2017	0.111	0.125	0.030	0.041	0.081	0.171	0.557

首先，从时间变动趋势来看，2008～2017 年广西普惠金融发展水平有一定的波动，但整体呈上升趋势。其中，2008～2012 年，该指数在较低水平波动，2013 年开始迅速上升。随着政府对普惠金融的重视，普惠金融发展水平得到了很大提高。

其次，从指标构成来看，广西普惠金融水平不断提高。这主要得益于人均储蓄存款和贷款余额以及保险密度、保险深度的不断增加。广西社会经济的不断发展、金融机构的不断普及、金融服务的不断优化，极大地提高了金融服务的可获得性和使用有效性。

最后，从绝对值来看，广西普惠金融发展水平仍较低。各年普惠金融发展指数位于 0.003 附近，与上限值 1 有较大的距离。2008～2015 年 IFI < 0.3，普惠金

融发展水平较低；2016 年 IFI 值为 0.384，0.3 ≤ IFI ≤ 0.5，普惠金融发展水平处于中等水平；2017 年 IFI 值为 0.557，IFI > 0.5，普惠金融发展水平较高。从具体数据来看，d_1、d_2、d_5、d_6 的数值增幅更为明显，说明 2008～2017 年广西存贷款余额和保险收入有较大幅度增加，为广西普惠金融的发展提供了有利条件。

2012 年以前，广西 IFI 值的变化不大；2012 年以后，IFI 值显著提高，每年保持较高的增长率，这与国家和政府加大广西发展的力度密切相关，特别是 2013 年明确提出了发展普惠金融，加上政府扶贫工作的大力推进，广西普惠金融发展水平迅速得到提升。2008～2017 年广西普惠金融指数变化趋势如图 3－10 所示。

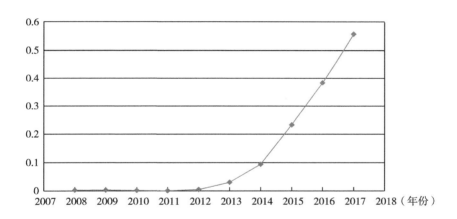

图 3－10　2008～2017 年广西普惠金融指数变化趋势

根据上述指标及测度方法，2017 年广西 13 个地级市普惠金融指数及排名如表 3－9 所示。从表中可以看出，广西各地级市间普惠金融发展水平差异较大，其中，柳州市（0.557）的发展指数高于 0.5，说明柳州市的普惠金融发展水平较高。柳州市经济发展水平较高，人均 GDP 位居广西第一，金融机构较为密集，助推了当地普惠金融的发展。其次，桂林（0.365）、防港城（0.361）的普惠金融发展指数大于 0.3，处于中等水平。其余 10 个地级市包括河池（0.083）、贺州（0.063）、玉林（0.052）、贵港（0.048）、崇左（0.010）、梧州（0.008）、来宾（0.006）、百色（0.005）、钦州（0.003）的普惠金融发展指数低于0.1，普惠金融发展处于较低水平，主要原因在于这些地区经济发展水平相对较低，基本单纯依靠农业发展，存贷款余额较低及保费收入较低，使整体的普惠金融发展水平受限。

表3-9 2017年广西13个地级市普惠金融指数及排名

地区	d_1	d_2	d_3	d_4	d_5	d_6	IFI	排名
柳州	0.155	0.156	0.038	0.032	0.008	0.122	0.557	1
桂林	0.065	0.058	0.076	0.063	0.070	0.066	0.365	2
防城港	0.069	0.185	-0.037	0.024	-0.058	0.043	0.361	3
北海	0.039	0.042	-0.047	-0.039	-0.026	0.086	0.180	4
河池	-0.040	-0.064	0.066	0.034	0.038	-0.057	0.083	5
贺州	-0.030	-0.046	0.035	0.020	0.043	-0.026	0.063	6
玉林	-0.039	-0.053	0.003	-0.004	0.055	-0.005	0.052	7
贵港	-0.050	-0.064	0.012	0.005	0.052	-0.031	0.048	8
崇左	-0.022	-0.049	-0.032	-0.046	-0.061	-0.050	0.010	9
梧州	-0.023	-0.027	-0.035	-0.028	-0.021	-0.007	0.008	10
来宾	-0.041	-0.052	-0.004	-0.005	-0.017	-0.052	0.006	11
百色	-0.034	-0.030	-0.026	-0.010	-0.041	-0.047	0.005	12
钦州	-0.047	-0.056	-0.050	-0.044	-0.045	-0.043	0.003	13

为了进一步比较分析广西各地市普惠金融的发展趋势及变化，本部分测度2008~2017年广西13个地级市普惠金融发展指数（见表3-10）。

在整个时间跨度内，IFI指数较高和较低的区域变化基本不大，其中柳州市的普惠金融发展指数在整个时间段内远远高于其他地级市，桂林市和防城港市的普惠金融发展水平次之，其他地级市的普惠金融水平相对较低，其中崇左市普惠金融发展水平最低。可以看出，IFI指数较高的地区基本为经济发展水平较高的地区，普惠金融发展落后的地区经济发展也相对落后。由于柳州市具有较高的存贷款余额和保费收入，能够提供更丰富便捷的金融服务，其普惠金融发展水平也相对较高。而崇左市等的普惠金融指数较低则是因为其存贷款余额及保费收入较低，造成 IFI 指数值较低。

表 3 – 10 2008～2017 年广西 13 个地级市普惠金融发展指数

年份 地区	2008	2009	2010	2011	2012	2013	2014	2015	2016	2017
柳州	0.6645	0.6714	0.6585	0.6565	0.6422	0.6531	0.6553	0.6240	0.6341	0.5571
桂林	0.3380	0.3417	0.3462	0.3336	0.3371	0.2983	0.2903	0.3070	0.3293	0.3653
梧州	0.0632	0.0146	0.0199	0.0147	0.0116	0.0176	0.0144	0.0181	0.0081	0.0078
北海	0.2399	0.2447	0.2449	0.2255	0.2256	0.2220	0.2252	0.2570	0.1919	0.1803
防城港	0.2834	0.2973	0.3228	0.3583	0.3806	0.3524	0.3596	0.3544	0.3602	0.3609
钦州	0.0061	0.0103	0.0135	0.0082	0.0083	0.0035	0.0004	0.0010	0.0027	0.0031
贵港	0.0106	0.0061	0.0101	0.0214	0.0299	0.0330	0.0467	0.0481	0.0465	0.0479
玉林	0.0523	0.0253	0.0333	0.0348	0.0359	0.0409	0.0330	0.0305	0.0415	0.0524
百色	0.0340	0.0333	0.0220	0.0233	0.0171	0.0154	0.0128	0.0100	0.0091	0.0052
贺州	0.0081	0.0102	0.0154	0.0148	0.0130	0.0183	0.0211	0.0243	0.0263	0.0635
河池	0.0100	0.0106	0.0107	0.0254	0.0516	0.0545	0.0487	0.0565	0.0761	0.0828
来宾	0.0086	0.0059	0.0050	0.0066	0.0048	0.0043	0.0021	0.0041	0.0047	0.0064
崇左	0.0025	0.0027	0.0040	0.0061	0.0064	0.0087	0.0093	0.0084	0.0096	0.0097

3.3.2.4 广西普惠金融发展的影响因素分析

（1）变量选取与数据来源

为进一步探讨广西普惠金融发展的影响因素，本部分结合国内外相关学术成果，结合广西的实际特点，从经济、社会、政府政策和基础设施四个维度选取变量，考察普惠金融发展水平的影响因素。选取的变量如表 3 – 11 所示。

普惠金融发展指数（IFI）：此变量直接反映该地区的普惠金融发展水平，数据来源于前文结果。

表 3 - 11 变量选取标准

变量	维度	符号	变量名称	变量计算方法
被解释变量		Y	普惠金融发展指数	前文测量
解释变量	经济	X_1	人均 GDP	人均 GDP 的对数值（万元）
	社会	X_2	城乡居民收入差距	城镇居民人均可支配收入 - 农村居民人均纯收入（万元）
	政府政策	X_3	政府管制程度	公共财政支出/地区生产总值（亿元）
	基础设施	X_4	交通便利程度	私人汽车拥有量/常住人口的对数值（辆/人）
		X_5	互联网普及程度	互联网宽带用户数/总户数（万户）

人均 GDP（X_1）：此变量直接反映该地区经济发展程度，以人均 GDP 的对数值表示。

城乡居民收入差距（X_2）：金融机构基于利润和风险管理的考量会选择逃离农村和偏远地区，从而影响普惠金融的发展，此变量用城镇居民人均可支配收入与农村居民人均纯收入的差表示。

政府管制程度（X_3）：政府管制一方面能够规范金融市场的运行，使金融资源定向流向贫困的人群和地区，但政府对金融市场的过多干预也使金融市场失去自主调节的作用，影响普惠金融的发展。此处用公共财政支出与地区生产总值之比来表示政府管制程度。

交通便利程度（X_4）：交通是否便利会影响获取金融服务的难易程度。拥有私人汽车的客户可以更方便地到达金融网点，获得金融服务效率普遍提高。此处以私人汽车拥有量与常住人口之比的对数表示交通便利程度。

互联网普及程度（X_5）：反映该地区居民尤其是农村居民获得金融服务的便利程度，此处用互联网宽带用户数与总户数之比来表示。

人均 GDP、地方政府财政支出、常住人口数、城镇居民人均可支配收入及总户数的数据来源于国家统计局，农村居民人均纯收入、私人汽车拥有量、互联网宽带用户数的原始数据来源于广西统计局。由于互联网宽带用户数广西自 2009

开始统计，2008 年相关数据缺失，因此本书不再研究。

（2）模型构建与估计方法

以广西普惠金融发展指数作为被解释变量。由于普惠金融的发展是一个持续变化的过程，还应考虑滞后期的发展水平对当期的影响，即上一期的普惠金融发展对当期的普惠金融的发展的影响，因此将被解释变量的滞后一期作为解释变量之一。建立动态面板数据如下：

$$IFI_{i,t} = \alpha_1 IFI_{i,t-1} + \beta_1 X_{1i,t} + \beta_2 X_{2i,t} + \beta_3 X_{3i,t} + \beta_4 X_{4i,t} + \beta_5 X_{5i,t} + \gamma X_{i,t} + \lambda_t + \mu_i +$$
$$\varepsilon_{i,t} \tag{3-12}$$

其中，$i = 1$，2，$\cdots$，13；$t = 1$，2，$\cdots$，9。λ_t 表示时间固定效应；μ_i 表示各省份的地区固定效应；$\varepsilon_{i,t}$ 表示误差项；α、β 和 γ 表示相应变量的系数。i 表示不同的截面，即广西 13 个地级市；t 表示截面的时间，即 2009 ~ 2017 年；IFI 表示广西各地市普惠金融发展水平；$IFI_{i,t-1}$ 表示滞后一期的普惠金融发展水平；$X_{i,t}$ 表示其他控制变量。

采用动态面板模型，考虑到异方差、序列相关性和内生性问题，选择系统 GMM 估计方法来估计。优点是消除固定效应影响，避免小样本偏差，使估计参数更有效。

系统 GMM 估计需要通过萨尔甘（Sargan）检验（P > 0.1）和序列相关检验（Arellano – Bond）AR（2）（P > 0.05）来验证工具变量的有效性。Bond（2001）提出了一种更简单有效的方法，只要系统 GMM 估计值介于固定效应估计和混合 OLS 之间，系统 GMM 估计是一致且无偏的。因此，本部分同时采用面板数据模式和系统 GMM 估计法。

（3）实证分析结果

指标变量的描述性统计结果如表 3 – 12 所示，其中标准差说明数据的离散程度，被解释变量普惠金融指数（IFI）的最大值和最小值分别为 0.671 和 0.000，差距较大，说明各地级市间普惠金融发展差异较大。

表 3 – 12　指标变量的描述性统计结果

变量名称	观察值	平均值	标准差	最小值	最大值
IFI	117	0.133	0.191	0.000	0.671
滞后一期 IFI	104	0.133	0.193	0.000	0.671
人均 GDP	117	10.197	0.479	9.21	11.28
城乡居民收入差距	117	1.507	0.280	0.941	2.051
政府管制程度	117	0.208	0.068	0.12	0.45
交通便利程度	117	0.053	0.046	0.01	0.22
互联网普及程度	117	0.377	0.207	0.091	1.239

在解释变量中，从经济因素来看，人均 GDP（X_1）平均值为 10.20 万元，最大值为 11.28 万元，最小值为 9.21 万元，说明人均 GDP 存在一定差距。从社会因素上看，城乡居民收入差距（X_2）的平均值为 1.507 万元，最大值为 2.051 万元，最小值为 0.941 万，标准差为 0.280，说明各地级市城乡收入差距较大，数值上有较大的波动。从政府政策因素来看，政府管制程度（X_3）平均值为 20.8%，最大值为 45%，最小值为 12%，表明政府财政支出占比并不是很大，但地级市间差异较大，财政支出分配不均匀。从基础设施因素来看，取对数后的交通便利程度（X_4）的平均值为 0.053 辆/人，最大值为 0.22，最小值为 0.01，标准差为 0.046，说明各地级市在私人汽车拥有量上有较为明显的差距。互联网普及程度（X_5）平均值为 37.7%，最大值为 123.9%，最小值为 9.1%，说明在互联网和金融业迅速发展的今天，互联网宽带入户现象较为普遍，但各地级市间差距十分明显。

估计结果显示（见表 3 – 13），滞后一期 IFI、人均 GDP、政府管制程度、交通便利程度和互联网普及程度对普惠金融水平有显著的正向影响，城乡收入差距对普惠金融水平有显著的负向影响。

表 3 – 13 列（1）至列（3）分别为混合估计、固定效应估计和系统 GMM 估计的结果。从中可以发现，系统 GMM 估计的解释变量系数（列（3））在固定效

表 3 – 13 主要估计结果

	（1）	（2）	（3）
估计方法	OLS	FE	系统 GMM
普惠金融水平			0.909 ***
			（45.58）
人均 GDP	2.199 ***	0.207	0.250 **
	（3.54）	（1.16）	（2.56）
城乡收入差距	− 0.313 ***	− 0.048 **	− 0.056 ***
	（− 4.49）	（− 2.28）	（− 3.91）
政府管制程度	− 0.414 *	0.367 ***	0.061 *
	（− 1.93）	（5.43）	（1.74）
交通便利程度	0.037	0.003	0.003 ***
	（1.29）	（0.70）	（2.93）
互联网普及程度	0.254	− 0.007	0.010 **
	（1.29）	（− 0.46）	（2.15）
常数项	− 4.388 ***	− 0.341	− 0.523 **
	（− 3.23）	（− 0.85）	（− 2.49）
Observations	117	117	104
R – squared	0.545	0.249	
Numbers of city	13	13	13
AR （1）			P = 0.040
AR （2）			P = 0.430
Sargan test			P = 0.000

注：① *** 表示 P < 0.01，** 表示 P < 0.05，* 表示 P < 0.1。

②Hausman 检验：P 值为 0.003，在 1% 的显著水平下拒绝原假设，选择固定效应模型最有效。

应估计系数（列（2））和混合估计系数（列（1））之间，同时系统 GMM 估计通过了序列相关检验，AR（2）P 值为 0.430，大于 0.05，但 Sargan 检验 P 值为 0.000，小于 0.1，工具变量 21 个，尽管不稳健但不受工具变量过多的影响。可知，采用 GMM 估计方法所得的估计值有效。普惠金融水平（L. IFI）高度显著，说明上期的普惠金融水平对当期有显著的影响，普惠金融水平的改善是一个连续的渐进过程。实证得出的结果具体分析如下：

人均 GDP（X_1）系数为 0.250，表明在 5% 的显著性水平下，人均 GDP 对普惠金融水平有显著的正向影响。普惠金融水平会随人均 GDP 的提高而提高 0.250 个百分点。说明经济水平较高的地区金融基础较好，更有利于普惠金融的发展。

城乡收入差距（X_2）系数为 -0.056，表明在 1% 的显著性水平下，城乡收入差距对普惠金融水平有显著的负向影响。普惠金融水平会随城乡收入差距的提高而降低 0.056 个百分点。原因可能是城乡收入差距的增大一方面会促使农村居民向城镇转移，造成农村居民的大量缩减，使农村的金融需求降低。另一方面基于利润和风险的考量，金融机构会将目光投向经济发展水平更高的城镇，而将低收入群体排斥在外，导致城乡收入差距加大，金融排斥现象越严重，普惠金融水平越低。

政府管制程度（X_3）系数为 0.061，在 10% 的显著性水平下，政府管制程度对普惠金融水平有显著的正向影响，普惠金融水平会随着政府管制程度的提高而提高 0.061 个百分点。可以看出，广西当前财政支出的增加对普惠金融发展产生了良好的效果，提升了各地级市间普惠金融的发展水平。

交通便利程度（X_4）系数为 0.003，表明在 1% 的显著性水平下，交通便利程度对普惠金融水平有显著的正向影响，普惠金融水平会随交通便利程度的提高而提高 0.003 个百分点。理由是私人汽车拥有量的增加有助于交通便利程度的提升，交通的不断发展能够便利连接客户与金融机构的距离，在很大程度上提高了金融服务的便利性。

互联网普及程度（X_5）系数为 0.010，表明在 5% 的显著性水平下，互联网普及程度对普惠金融有显著的正向影响，普惠金融水平随互联网普及程度的提高而提高 0.010 个百分点。互联网为客户获取金融知识和金融产品提供了更多的渠道，也为金融工具创新提供了技术支持。"互联网＋金融"带来的便利吸引了越来越多的客户，普惠金融的概念得到了更广泛的宣传。

另外，滞后一期的普惠金融水平（L. IFI）系数为 0.909，表明在 1% 的显著性水平下，当期普惠金融水平会受到前一期普惠金融水平的显著影响。因此，在没有其他重大经济事件或者政府政策的前提下，普惠金融水平的提升并不能一蹴而就，而是一个缓慢的过程。

3.3.2.5 广西普惠金融发展的对策建议

（1）积极发挥金融政策的引导作用

广西壮族自治区政府对普惠金融的扶持力度有待进一步提升，一方面，鉴于金融市场存在的金融排斥现象，政府应在相对贫困地区加大金融资源的投入，制定激励金融机构市场化竞争机制，鼓励普惠金融创新模式，提升普惠金融的发展水平；另一方面，针对第三方融资平台的高风险特点，政府可以引入更加完善的信贷市场机制，强化信贷市场的风险管理，促进普惠金融可持续发展。

（2）提升金融机构运用互联网等技术的水平

广西金融机构的营业网点和从业人数不足，多样化的金融服务需求难以满足，实证研究发现，广西普惠金融发展水平对互联网普及程度有显著正向影响，因此，借助互联网技术提高金融机构的金融服务能力是一项重要举措。

互联网技术的推广和应用不仅可以降低提供金融服务的成本和风险，还可以提高客户获得金融服务的便利性。金融机构应借助互联网技术，加强大数据、区块链等技术与金融服务的结合，推广网上银行、手机银行的使用，加快农村普惠金融数字化进程，创新性地为客户提供个性化金融服务产品，满足客户群体，尤其是中低收入群体和小微企业等不同客户的金融需求。此外，要加快农村地区网络设施的建设，提高网络的使用率和网速，促进普惠金融产品数字化。

（3）加强农村地区相关基础设施

金融基础设施、制度建设是普惠金融发展的基础。农村地区金融设施相对缺乏，导致普惠金融在农村地区发展较为缓慢。因此，为了更好地服务于农村地区，提高农民获得金融资源的便捷性，应加强农村地区金融基础设施和制度的建设和完善。首先，应该完善农村金融支付体系，一方面增加金融网点、金融便民服务点的数量，增加金融资源的可获得性；另一方面加快农村金融合作社等新型农村金融机构支付结算体系的建设，推动其快速发展。其次，建立农村信用评价体系，健全农村风险担保机制。农村弱势群体获取金融资源的主要困难在于没有相应的信用评价体系和风险补偿机制，金融机构为了降低风险，不愿为其提供金融服务。因此，要制定合理的农村信用综合评价体系，鼓励有条件的县域以创建信用村（乡、镇、县）的形式，推进农村征信体系软、硬环境建设，完善社会信用体系。

3.4 普惠金融发展的影响

有关普惠金融发展的影响研究主要集中在普惠金融发展对城乡收入差距的影响。国外有关普惠金融影响城乡收入差距的研究主要集中在发展中国家，Chibba（2009）通过实证分析证明了普惠金融发展有助于减少贫穷，并认为私营金融部门发展、金融自由化和政府支持有助于普惠金融的发展。Challa 和 Bala（2013）通过研究印度农村的情况，发现普惠金融发展提高了农村居民的生活水平。国内学者大都基于时间序列数据或省际面板数据研究普惠金融对城乡收入差距的影响。王征、鲁钊阳（2011）根据动态面板数据模型对普惠金融与我国农村地区的收入之间的关系进行了研究，结果发现农村地区的金融规模、效率和结构使城乡收入差距进一步扩大；徐敏和张小林（2014）运用 VAR 模型、协整检验和格兰杰检验的实证分析发现，普惠金融发展对缩小城乡收入差距的效果不明显。大多数的研究表明普惠金融发展对缩小城乡收入差距具有显著的作用。杨文华（2016）运用 Johansen、协整检验、脉冲响应和方差分解方法，发现重庆市农村金融发展效率对城乡收入差距的影响明显小于农村金融发展规模对城乡收入差距的影响。一些学者（李建伟等，2015；张晓燕，2016）运用向量误差修正模型

（VEC）分析发现，普惠金融发展与城乡收入差距之间存在长期的均衡关系和持久效应，提高普惠金融发展水平可以显著地缩小城乡收入差距。还有一些学者（黄永兴、陆凤芝，2017；李容德，2017；张建波、郭丽萍；2017）运用面板数据研究显示了普惠金融能够显著缩小城乡收入差距。李建伟（2017）运用空间计量模型实证检验了省域普惠金融发展对城乡收入分配差距的影响，结果表明省域普惠金融发展水平差异悬殊，大部分省域普惠金融的发展对缩小本省域城乡收入差距具有显著的作用。

从现有文献来看，学术界对普惠金融发展水平的测度及对城乡收入差距影响的研究不一，在文献研究的基础上，本部分运用2010~2016年省际面板数据，通过变异系数法确定指标权重构建普惠金融评价体系，并对普惠金融发展对城乡收入差距的影响进行实证分析。

3.4.1 普惠金融发展对城乡收入差距影响的理论分析

（1）普惠金融通过资源配置效应减小城乡收入差距

在我国的传统金融体系中，存在金融资源在城乡之间分布失衡的局面，即金融资源往往较多地聚集在城市，农村地区金融资源相对稀缺。这主要是由我国城乡区域经济和金融发展不平衡造成的。城市地理位置好，交通便利，基础设施完善，经济发展速度较快；农村地处偏远地区，交通不便，基础设施不完善，经济发展速度较慢。受城市投资机会和利润的吸引，农村资金不断向外流出，进一步加剧了我国城乡金融发展不平衡的局面。

普惠金融强调包容性和可持续性，将中低收入群体和小微企业作为服务的目标客户，降低金融服务门槛，减少金融排斥效应，增加了农村地区的中低收入群体获得金融服务从而改善经济状况的机会，从而能够缩小城乡收入差距。

（2）普惠金融通过降低门槛效应减少城乡收入差距

由于中低收入群体自身的资本积累较少，缺乏必要的金融抵押资产，往往被排除在金融服务的门槛之外，不能获得有效的金融服务。较之传统金融，普惠金融有效地降低了金融服务的门槛，服务对象特别关注那些被传统金融排除在金融体系门槛之外的中低收入群体，使农村地区的低收入人群、小微企业拥有获得金融服务的权利，从而调节城乡居民收入水平，缩小城乡收入差距，推动城乡协调发展和社会公平的实现。

（3）普惠金融通过降低贫困发生率减小城乡收入差距

普惠金融通过间接途径和直接途径两种渠道发挥降低贫困发生率的作用。间接途径是通过普惠金融促进农村经济发展，从而降低贫困发生率，缩小城乡收入差距。直接途径是通过普惠金融为中低收入群体提供小额信贷等金融服务，改善其资产状况，提升收入水平，从而降低城乡收入差距。

3.4.2　普惠金融发展对城乡收入差距影响的实证分析

（1）普惠金融发展水平测度

基于我国普惠金融发展实践及参考文献，本书从金融服务的渗透性和金融服务的使用效用两个维度构建我国 30 个省份普惠金融发展指数（因西藏、香港、台湾等地区数据缺失，故没有作为研究样本）。其中，各省金融机构数、金融机构从业人数数据来源于中国人民银行发布的《金融运行报告》，地区总人口数、地区生产总值、地区面积、保险保费收入、年末存贷款余额指标数据均来自各年的《中国统计年鉴》。普惠金融发展水平指标体系如表 3-14 所示。

表 3-14　我国普惠金融发展水平指标体系

维度	子维度	相关指标	单位	来源
金融服务的渗透性	地理维度的渗透性	每万平方千米的金融机构数（A_1）	个/万平方千米	《中国统计年鉴》
		每万平方千米的金融机构从业人数（A_2）		
	人口维度的渗透性	每万人拥有的金融机构数（A_3）	人/万人	
		每万人拥有的金融机构从业人数（A_4）		

维度	子维度	相关指标	单位	来源
金融服务的 使用效用性	使用效用性	存款余额/GDP（A_5） 贷款余额/GDP（A_6） 保险深度（A_7）	元	中国人民银行 金融数据 各地保监局

本书采用变异系数法确定指标权重，各指标的权重计算公式为：

$$W_i = V_i / \sum_{i=1}^{n} V_i \tag{3-13}$$

其中，V_i 表示各指标的变异系数，W_i 的范围是 0~1，W_i 越大表示该指标在普惠金融发展过程中分量越重。然后运用线性阈值法对各指标实现标准化处理，各指标测度值计算公式为：$D_i = w_i \times \dfrac{X_i - m_i}{M_i - m_i}$。其中，$M_i$ 表示第 i 个指标的最大值，X_i 表示第 i 个指标的实际值，m_i 表示第 i 个指标的最小值，D_i 越大表示此指标所代表的金融普惠发展水平越好。

普惠金融发展指数 IFI 的计算公式如下：

$$IFI = 1 - \sqrt{\frac{(W_1 - D_1)^2 + \cdots + (W_i - D_i)^2}{W_1^2 + \cdots + W_2^2}} \tag{3-14}$$

由于 D_i 取值范围为 $[0, w_i]$，所以 IFI 取值范围为 $[0, 1]$。若 $D = (0, 0, \cdots, 0)$，则 $IFI = 0$，为普惠金融发展程度最差的情况；若 $D = (w_1, w_2, \cdots)$，则 $IFI = 1$，为普惠金融发展程度最好的情况。

根据 2010~2016 年普惠金融指标数据，衡量我国省域普惠金融发展程度各评价指标的权重，这些指标分别为每万平方千米的金融机构数（A_1）、每万平方千米的金融机构从业人数（A_2）、每万人拥有的金融机构数（A_3）、每万人拥有的金融机构从业人员数（A_4）、存款余额/GDP（A_5）、贷款余额/GDP（A_6）、保险深度（保险保费收入占 GDP 的比重）（A_7），具体结果如表 3-15 所示。在得到各个指标权重后对我国 2010~2016 年各省份普惠金融发展水平进行测度，结果如表 3 - 16 所示。

表 3 - 15　2010～2016 年我国各省份普惠金融评价指标权重

相关指标 \ 年份	2010	2011	2012	2013	2014	2015	2016
A_1	0.2224	0.3507	0.2535	0.26	0.2692	0.2689	0.2566
A_2	0.352	0.5298	0.3955	0.3953	0.3478	0.3861	0.4070
A_3	0.1099	0.0882	0.0637	0.063	0.064	0.0907	0.0275
A_4	0.0988	0.1593	0.1007	0.1065	0.1445	0.1069	0.1207
A_5	0.0603	0.0935	0.0686	0.0684	0.0692	0.0615	0.0697
A_6	0.0511	0.053	0.0549	0.06	0.0608	0.0428	0.0603
A_7	0.1052	0.076	0.0627	0.0465	0.0442	0.0427	0.0579

表 3 - 16　2010～2016 年我国各省份普惠金融发展水平

地区		2010	2011	2012	2013	2014	2015	2016	均值	排名
东部地区	北京	0.442	0.466	0.471	0.496	0.476	0.601	0.535	0.498	2
	天津	0.288	0.298	0.276	0.272	0.523	0.312	0.304	0.325	3
	河北	0.057	0.060	0.044	0.046	0.048	0.054	0.061	0.053	14
	山东	0.107	0.116	0.090	0.086	0.057	0.072	0.082	0.087	7
	江苏	0.147	0.160	0.127	0.114	0.772	0.104	0.113	0.220	4
	浙江	0.124	0.116	0.110	0.113	0.116	0.122	0.121	0.117	5
	辽宁	0.084	0.087	0.065	0.070	0.035	0.062	0.069	0.067	12
	上海	0.773	0.821	0.862	0.874	0.032	0.833	0.867	0.723	1
	福建	0.093	0.080	0.074	0.068	0.063	0.061	0.056	0.071	10
	广东	0.096	0.100	0.089	0.084	0.031	0.081	0.083	0.080	9
中部地区	山西	0.065	0.058	0.053	0.049	0.056	0.043	0.049	0.053	13
	安徽	0.074	0.066	0.056	0.054	0.134	0.050	0.058	0.070	11
	黑龙江	0.043	0.036	0.022	0.023	0.047	0.022	0.031	0.032	25
	吉林	0.043	0.032	0.026	0.025	0.072	0.026	0.041	0.038	21
	河南	0.060	0.054	0.044	0.038	0.070	0.038	0.060	0.052	15

续表

地区	年份	2010	2011	2012	2013	2014	2015	2016	均值	排名
中部地区	湖北	0.063	0.050	0.042	0.044	0.037	0.036	0.044	0.045	17
	湖南	0.045	0.041	0.031	0.031	0.055	0.027	0.044	0.039	20
	江西	0.042	0.040	0.029	0.034	0.090	0.036	0.038	0.044	19
西部地区	内蒙古	0.045	0.026	0.017	0.016	0.035	0.018	0.019	0.025	28
	重庆	0.083	0.062	0.063	0.063	0.165	0.077	0.059	0.082	8
	四川	0.125	0.041	0.026	0.026	0.031	0.023	0.037	0.044	18
	广西	0.035	0.031	0.025	0.022	0.079	0.021	0.029	0.034	24
	贵州	0.034	0.045	0.022	0.021	0.030	0.023	0.031	0.030	26
	云南	0.046	0.038	0.027	0.026	0.069	0.023	0.022	0.036	23
	西藏	0.012	0.009	0.013	0.011	0.037	0.011	0.020	0.016	30
	青海	0.024	0.012	0.016	0.017	0.034	0.018	0.021	0.020	29
	宁夏	0.055	0.054	0.035	0.034	0.061	0.058	0.039	0.048	16
	陕西	0.055	0.039	0.035	0.035	0.408	0.036	0.046	0.093	6
	甘肃	0.037	0.023	0.019	0.018	0.050	0.022	0.026	0.028	27
	新疆	0.036	0.019	0.017	0.014	0.126	0.022	0.021	0.037	22

由表 3-15 可知，金融服务渗透性的权重逐年增长，2016 年的权重达 0.81，金融服务的使用效用性权重保持平稳，2016 年略有下降，为 0.1879，子维度地理维度的渗透性下的两指标每万平方千米的金融机构数、每万平方千米的金融机构从业人员数的权重一直处于高值，2016 年分别为 0.2566 和 0.4070，这说明了金融机构网点和服务人员的覆盖率对普惠金融发展水平的影响占有重要地位，这是因为金融基础设施的可获得性影响较大。其他子维度下的各评价指标的权重值都低于地理维度的渗透性，说明可以通过提高金融服务使用效率来促进普惠金融发展水平的提高，同时增强普惠金融发展水平的广度和深度。

普惠金融指数是一个相对的指数，其数值并不代表普惠金融发展程度具体的大小，只说明样本期间普惠金融发展水平的差距，从测度结果来看，我国各地区普惠金融发展水平存在一定差距，东部各省普惠金融发展水平较高，且发展水平呈逐年提升趋势，西部各省普惠金融发展水平较低且发展相对不稳定，说明普惠金融发展水平与地区经济发展状况密切相关，即经济发展状况越好，普惠金融发展水平越高。东部地区普惠金融发展水平较高的三个省份依次为上海、北京和天津，这与人均 GDP 数据基本吻合；西部地区中陕西省和重庆市的普惠金融发展水平较高，西部地区普惠金融发展水平较低的三个省份依次为西藏、青海、甘肃，这主要是由金融机构网点覆盖不全面引起的。总的来说，普惠金融发展水平呈现出较大的区域差异，东中西部地区差异较大，中西部区域内各省的差异较大。

（2）普惠金融发展对城乡差距影响实证检验

基于省际面板数据分析我国普惠金融发展水平对城乡收入差距的影响。其模型形式如下：

$$GAP_{fy} = \beta_1 + \beta_2 IFI_{fy} + \beta_3 UR_{fy} + \beta_4 TAX_{fy} + \beta_5 RGDP_{fy} \qquad (3-15)$$

其中，f 表示省份，y 表示年份。

GAP 代表城乡收入差距指标，用城镇居民人均可支配收入与农村居民人均纯收入的比值表示；GAP 越大说明城乡收入差距越大，GAP 越小说明城乡收入差距越小。

IFI 代表普惠金融指数。本书借鉴王婧、胡国晖（2013）的普惠金融发展水平评价体系，选取能反映普惠金融三个维度（地理维度服务渗透性、人口维度服务渗透性和金融服务的可获得性）的六个指标，采用变异系数法测算了普惠金融指数值。

UR 代表城镇化率，用各地区城镇人口总数占地区总人口数的比率来表示。TAX 代表财政支出，用财政支出占生产总值的比来表示。RGDP 代表经济发展水平，用地区生产总值占地区总人口的比率来表示。

对各变量的数据进行描述统计分析，结果如表 3 - 17 所示。城乡收入差距 GAP 的均值为 59.541，标准误差高达 474.32，可见样本中我国城乡收入差距波动较大。普惠金融发展指数 IFI 均值为 0.1055，标准误差为 0.1765，波动较小。

其他三个控制变量经济发展水平 RGDP、财政支出 TAX 和城镇化率 UR 的各项数值较小，在小范围内波动。

表 3－17　各变量描述性统计结果

变量	均值	标准误差	最大值	最小值
GAP	59.541	474.32	6914.1	－38.82.3
IFI	0.1055	0.1765	0.96	0.0094
RGDP	4.617.3	2.211.2	11.816	1.3261
TAX	0.2508	0.1997	0.0584	1.3453
UR	0.542	0.1377	0.2143	0.896

使用面板数据进行实证检验虽然降低了数据的非平稳性，使变量的相关性降低，但是各变量可能还是非平稳数据，可能会留存单位根，造成伪回归现象，因此，在进行实证分析前，需要进行单位根检验，本部分采用 ADF 检验和 PP 检验，检验时间序列是否平稳。从表 3－18 可以看出，各变量自身通过的检验是非平稳的，但一阶差分后通过了平稳检验。

表 3－18　各变量单位根检验结果

变量	检验方法		检验结果
	ADF	PP	
GDP	1.456	8.882	不平稳
	（－1）	（－1）	
D（GDP）	－0.5596	6.2234	平稳
	（－0.0021）	（0）	
IFI	－3.38	－3.404	不平稳
	（－0.0542）	（－0.0031）	
D（IFI）	－4.54	－2.543	平稳
	（－0.0001）	（0）	
UR	－3.348	－4.457	不平稳
	（－0.0587）	（－0.0018）	

续表

变量	检验方法		检验结果
	ADF	PP	
D（UR）	2.6679	10.5791	平稳
	（0）	（0）	
TAX	-3.458	-4.618	不平稳
	（0.0441）	（0.001）	
D（TAX）	12.339	-8.159	平稳
	（-0.001）	（0）	
RGDP	-3.066	-3.585	不平稳
	（0.1144）	（0.0312）	
D（RGDP）	-3.775	-4.697	平稳
	（-0.0017）	（-0.001）	

注：各指标对应的第一个数据为检验统计量的 T 值，下方括号中的数据为对应统计量的 P 值，D（ ）表示变量一阶差分。

使用面板数据，采用固定效应模型和随机效应模型对影响我国城乡收入差距的各变量进行了实证检验，结果如表3 - 19 所示。

表3 - 19　普惠金融发展对城乡居民收入差距影响的回归结果

变量	固定效应	随机效应
	系数	系数
IFI	-0.12594***	-4.12544***
RGDP	0.001253***	0.01520***
TAX	18.22136**	0.33491*
UR	0.056964*	-1.3299*
C	-12.124***	83.224***

注：*、**、***分别表示在10%、5%和1%的水平下显著。

根据 Hausman 检验，Prob > chi2 = 0.0423，故选择固定效应模型。普惠金融发展指数 IFI 的系数为 -0.12594，且在 1% 的水平上通过了显著性检验，表明普惠金融发展水平对城乡居民收入差距有显著的负向影响，普惠金融发展指数 IFI 增加 1 个单位，城乡居民收入差距缩小 0.12594 个单位。因此，普惠金融发展对于缩小城乡收入差距，促进共同富裕目标的实现有着实证依据。

控制变量中，城镇化率 UR 的系数为 0.056964，且在 10% 的水平上通过了显著性检验，说明城镇化率对城乡收入差距有显著的正向影响，城镇化率越高，城乡收入间的差距越大。其原因可能是农村人口在向城镇转化的过程中并不顺利，相关的福利政策并没有到位，农民未能从城镇化发展的过程中获得真正的实惠，收入差距没有极大地改善。财政支出 TAX 的系数为 18.22136，且在 5% 的水平上通过了显著性检验，说明财政支出对城乡收入差距有显著的正向影响。经济发展水平 RGDP 的系数为 0.001253，且在 1% 的水平上通过了显著性检验，说明经济发展水平对城乡收入差距有显著正向影响，在我国经济发展过程中，我国城乡收入差距在不断扩大。

3.4.3 普惠金融发展对城乡差距影响的对策建议

本部分基于我国 30 个省份 2010～2016 年的面板数据，运用变异系数法确定各指标的权重，从各指标权重结果中可以看出，金融服务的渗透性维度下的四个指标权重呈逐步增长趋势，而金融服务的使用效用性维度下的两个指标权重却稍有下降趋势，另外，从各维度具体指标权重值大小来看，子维度地理维度的渗透性下两个评价指标的权重值始终保持较高比重，而且权重值逐年升高。表明金融服务的地理分布与普惠金融发展水平密切相关，并且金融服务的地理分布对普惠金融发展水平的影响力逐年增强。普惠金融发展指数测算结果显示，我国普惠金融发展水平区域间差异较大，且东部各省份的普惠金融发展指数明显高于西部地区，东中西部的指数值呈阶梯状分布。进一步利用面板数据模型分析了普惠金融发展水平对城乡收入差距的影响，研究结果发现，普惠金融发展水平对缩小城乡收入差距有显著的影响，城镇化率、财政支出和经济发展水平对城乡收入差距有显著的正向影响。

基于以上结论，提出以下建议：

第一，要注重把握好"地理维度的渗透性"这个子维度对普惠金融发展的重要作用，完善金融机构网点和金融从业人员的地理分布，形成高效的金融服务格局。为此，要加强基础设施的建设，为农村地区中低收入人群获取有效金融服务建立设施基础，同时，增加农村地区的金融资源投入，通过财政补贴的方式来提高农村地区的金融资源使用效率。

第二，发展普惠金融要因地制宜，不可千篇一律，各地区要实施符合自身特点的普惠金融发展战略，加强区域之间的信息交流，注重提高金融服务的使用效率，进一步提高中低收入和弱势群体金融服务的可获得性，打造高效的金融服务体系。对于金融发展普惠程度较低的中西部省份，应侧重于提高金融服务的渗透性，加快金融基础设施的建设，扩大金融服务范围。

第三，普惠金融发展对缩小城乡收入差距有显著的影响，因此要进一步加强农村普惠金融建设，完善农村普惠金融体系，同时，在推动城镇化进程中，要从根本上贯彻落实好各种政策福利，改善农民收入状况，提升农民综合素质，从根本上缩小城乡差距。

4 微型金融机构可持续发展的理论基础

4.1 微型金融机构可持续发展的内涵

4.1.1 微型金融的内涵

在发展中国家传统农村金融政策遭遇挫折的情况下，向中低收入群体提供金融支持的理论与实践探索，推动了微型金融的兴起和发展。国际社会一般把为没有享受到或未充分享受到金融服务的中低收入群体和小微型企业所提供的金融服务称为微型金融（Micro-finance）。微型金融机构提供的金融服务包括小额度的贷款、存款、汇兑、小额保险及其他方面的金融服务。微型金融服务的地域范围包括农村和城市；微型金融所服务的经济活动包括各种各样的创收活动，如种植业、林业、畜牧业、渔业、微型非农企业、小商小贩等，因此微型金融往往与小微企业的发展紧密相关。

综上，微型金融就是指通过融资中介，按照组织化、制度化、商业经营原则，为具有一定潜在负债能力的没有享受到或者没有充分享受到信贷服务的中低收入阶层提供小额、短期、连续、简便的"一揽子"金融服务。从本质上看，微型金融主要是提供小额度贷款，因它在一些地区比较成功地解决了正规金融机构长期以来没有解决的为中低收入群体提供有效的信贷服务，同时实现信贷机构自身持续发展的问题，而被众多发展援助机构和发展中国家的政府视为一种增加中低收入群体收入、改善福利的有效工具。

4.1.2　微型金融机构的类型

在世界各国微型金融业务的发展过程中，产生了不同的微型金融模式。根据客户组织类型的不同，可以分为团体小组模式、个人模式和混合模式。根据微型金融发放机构的不同，可以将其划分为非政府组织（NGO）方式、正规金融机构方式、社区合作银行方式、乡村银行方式和批发基金方式。非政府组织是非营利性的自愿公民组织；正规金融机构主要是商业银行和金融公司；社区合作银行是完全由社员管理、自助式、不以盈利为目的的合作组织；乡村银行是依靠自助小组的民主自治，为成员提供小额贷款、储蓄和相互担保服务的组织；批发基金专营微型金融的模式，其基金由国内外赠款和国际金融组织贷款组成，对微型金融机构提供资金融通，以支持微型金融的发展。表 4－1 对几种模式类型进行了归纳。

表 4－1　微型金融机构的类型

类型	小额信贷模式
客户组织类型	团体小组模式
	村银行模式
	个人模式
	混合模式
机构组织类型	非政府组织（NGO）方式
	正规金融机构方式
	社区合作银行方式
	乡村银行方式
	批发基金方式

续表

类型	小额信贷模式
可持续性	福利性微型金融机构
	可持续性微型金融机构

资料来源：笔者根据杜晓山、刘文璞等：《小额信贷原理及运作》，上海财经大学出版社 2001 年版整理。

CGAP 将微型金融机构分为正规微型金融机构、准正规微型金融机构和非正规微型金融机构三种类型。按照微型金融机构的服务宗旨和经营目标，微型金融机构可分为商业性微型金融机构和公益性微型金融机构。具体而言，商业性微型金融机构是指依法拥有股东股权投资全部财产权、享有民事权利，并以全部法定财产为限承担有限责任、依法纳税的营利性企业法人，往往具有较高的独立性。其经营目标侧重于通过良好的风险控制和盈利，来实现机构自身的可持续发展。公益性微型金融机构以金融扶贫为宗旨，享受政府补贴，从事公益性活动并承担社会责任，作为非营利性的企业法人，不需要缴纳各种税费。根据国际微型金融信息交流中心（MIX）对微型金融机构类型的划分，微型金融机构可分为银行类微型金融机构、合作性微型金融机构、非政府组织微型金融机构和非银行类微型金融机构四种类型。其中，非银行类微型金融机构一般是指贷款公司、小额贷款公司、信托公司等类型的非银行金融机构。

4.1.3 微型金融机构可持续发展的界定与衡量

4.1.3.1 微型金融机构可持续发展的界定

学术界对微型金融机构可持续性内涵的研究多集中于供给与需求两个角度。金融服务供给方更多强调微型金融机构自身发展能力的提升，如 Christen、Rhyne 和 Vogel（1994）将微型金融机构可持续性定义为提供微型金融服务的机构不需要政府、国际组织和慈善机构提供优惠条件而独立生存与发展。CGAP（2000）认为，可持续的微型金融机构就是能够通过提供金融服务获得的收入补偿其所有的成本，包括资本成本、营业成本、对通货膨胀和补贴的调整等。目前已有研究多是采用财务上的可持续来衡量微型金融机构的可持续性。

4.1.3.2 微型金融机构可持续发展的衡量指标

有关微型金融可持续发展的衡量指标尚未达成统一观点。实践应用中，世界妇女银行（WWB）的可持续发展比率和世界银行（WB）的补贴依赖指数（SDI）应用较广。其中，WWB 的可持续发展比率分为操作自负盈亏和财务自负盈亏两个层次；WB 的补贴依赖指数（SDI = MFI 年补贴金额 ÷ 平均贷款规模与国民人均收入之比 × 贷款加权平均利率）主要是用来衡量微型金融机构对其捐赠和补贴资金的依赖程度。另外，小企业教育促进会（SEEP）财务分析比率和世界银行扶贫协商小组（CGAP）财务分析比率也是衡量微型金融机构可持续性常用的重要指标，各指标的对比情况如表 4 - 2 所示。

表 4 - 2 微型金融机构可持续发展能力衡量指标

指标名称	内容	侧重点	目标客户
小企业教育促进会（SEEP）财务分析比率	金融持续性比率、运作效率比率、业务质量比率	可持续发展能力	微型金融机构本身、投资者、捐赠者等
世界银行扶贫协商小组（CGAP）财务分析比率	盈利能力比率、效率比率、贷款质量比率	服务效率	微型金融机构本身、投资者、捐赠者等
世界妇女银行（WWB）的可持续发展比率	操作自负盈亏（OSS）、财务自负盈亏（FSS）	收入和成本比较	微型金融机构本身、投资者、捐赠者等
世界银行（WB）的补贴依赖指数（SDI）	补贴依赖指数	测量补贴依赖度	微型金融机构本身、政府投资者、捐赠者等

资料来源：笔者归纳整理。

4.1.4 微型金融机构可持续发展的特征

经过几十年的发展与实践，微型金融机构已逐渐总结出可持续发展的经验，具备可持续发展能力的微型金融机构主要有以下几个特征：①具有相对独立和科学的机构设置与治理结构。②对补贴及捐赠资金的依赖较少。③具有较高的财务自给自足能力，即机构本身可以产生足够的收入来支付资本成本和其他相关成本。经营目标侧重于通过盈利和风险控制，实现财务上的自给自足，维持机构的可持续性。④拥有一支高素质的员工队伍和高效的组织结构。拥有高素质专业人员的机构，能够为客户提供专业化的金融服务，高效的组织结构能够提高金融服务的效率，从而带来业务量的增长，实现机构的可持续发展。可持续发展微型金融机构与传统的微型金融机构的特征比较如表4-3所示。

表4-3　可持续发展微型金融机构与传统的微型金融机构的特征比较

类型	可持续发展的微型金融机构	传统的微型金融机构
经营目标	扶助弱势群体与自身可持续发展并重	扶助弱势群体
机构设置	法律地位明确、机构设置独立	机构设置受政府和捐赠者约束
客户定位	各类客户	弱势群体
组织体系	组织系统完善，专业人才管理	经营管理能力较差，管理水平较低
资金来源渠道	客户存款、股权债券投资收益等商业化融资途径	政府资金支持和捐赠
服务内容	小额信贷、存款、保险、基金等	小额信贷

资料来源：笔者归纳整理。

4.2　中低收入群体的金融需求

中低收入群体由于收入不足，缺乏必要的抵押品和担保条件，往往被排斥在正规或非正规金融服务之外。世界银行2009年的报告估计，世界范围内存在70%或者说有270亿的成年人口被排除在金融服务体系之外，对于世界范围内金融获取情况的相关研究也基本上符合世界银行的估计（McKinney，2009；Asli

Demirguc – Kunt, Beck and Honohan, 2007)。贫困人口主要分布在发展中国家,尤其是发展中国家的农村地区,而发展中国家与发达国家在金融服务供给方面存在极大的差距。

中低收入群体也有多种类型的金融服务需求,包括储蓄、贷款、汇款、转账、保险、养老金等。一般而言,中低收入群体,尤其是低收入群体缺乏现金等流动资产,储蓄能力较弱,往往被排除在正规金融服务之外,他们不得不进行非正规的储蓄,然而非正规储蓄风险较高,流动性较差,无法满足其对于储蓄安全、低成本及设计合理的基本要求,因此金融部门对中低收入群体所提供的储蓄服务是远远不足的。与此同时,包括贷款在内的其他金融服务,如汇款、转账和保险也是中低收入群体需要的金融服务项目,然而发展中国家由于金融可及性水平和覆盖面比例仍然较低,使得中低收入群体的这些金融需求无法满足或无法充分满足。

虽然发展中国家的中低收入群体有着与其他群体同样的多种类型的金融服务需求,然而中低收入群体仍然被排除在正规金融服务体系之外,原因可以从金融服务的需求者和供给者两个方面来考虑。从需求者角度来讲,由于中低收入群体对金融服务的需求具有特殊性,如额度小、周期灵活,且自身无法提供商业金融要求的资产、信用等证明,因此很难获得商业金融提供的服务。从金融服务的供给方来看,金融机构为了降低成本、提高效率和获得更多的利润,往往将目标群体设定为高收入群体或规模企业,而不愿涉足风险大、成本高的小额信贷服务领域;同时,由于经济不发达地区交通不便,基础设施落后,使金融机构在这些地区提供金融服务受到诸多客观条件的限制。因此,发展中国家的中低收入群体的金融需求无法得到满足。

4.3 微型金融是扶持弱势群体的金融制度创新

4.3.1 微型金融扶持弱势群体的作用机理

微型金融提供的服务除了贷款之外还包括存款、汇兑、小额保险等其他方面的金融服务，而小额信贷（Micro - credit）大多仅包括信贷业务。

微型金融通过为中低收入群体提供生产性信贷和平滑消费的资金，对中低收入群体的收入创造和生活保障做出了贡献，具体而言，微型金融扶持中低收入群体的作用可以通过以下几种途径得以发挥：第一，微型金融为低收入者提供生产经营性信贷资金，促进家庭收入来源多样化，提高他们应对收入冲击的能力。第二，微型金融帮助低收入家庭平滑消费支出，在出现不利冲击时，微型金融使低收入家庭不至于贱卖资产而陷入更加贫困的状况。第三，中低收入群体往往把微型金融用于减少风险，而不是用于改善消费，利用贷款资金稳定和扩大收入，从而改善自身的福利状况。第四，微型金融承担的社会责任使其在提供商业信贷的同时，注重培养客户自身能力和自我发展意识，从而使中低收入群体获得提高收入、改善福利的主观能动性。

从本质上看，微型金融在某种程度上解决了正规金融机构长期以来没有解决的、为中低收入群体提供有效信贷服务的问题，同时实现了自身的可持续发展，被众多发展援助机构和发展中国家的政府视为一种扶持弱势群体、改善福利的金融创新工具。

4.3.2 微型金融瞄准的目标群体

从微型金融的定义来看，微型金融的目标群体是广大的中低收入群体。在

Morduch（1997）的研究中，微型金融被认为是一种向贫困农户直接提供较高利率的无抵押担保的小额贷款并保持了高还贷率的扶贫到户方式，即将贫困农户作为微型金融的目标群体。世界银行"向贫困者提供可持续金融服务"项目的主要成果《小额金融信贷手册》（乔安娜·雷格伍德，2000）认为，微型金融包括储蓄和信贷，是向低收入客户和个体经营者提供金融服务活动。杜晓山（2000，2004）较全面地定义了小额信贷，认为小额信贷是指专向中低收入阶层提供小额度的持续的信贷服务活动。

从微型金融的发展阶段来看，微型金融的目标群体定位前后发生了一些变化。第一阶段，强调为穷人提供贷款资金，其目标群体是穷人；第二阶段，以收取高利息弥补借款成本的阶段，目标群体扩大为穷人及部分中低收入群体；第三阶段，吸引商业渠道资金实现金融持续性阶段，进一步将目标群体确定为一切中低收入群体（包括穷人）。

从微型金融供给者的目标设定来看，由于所服务的目标客户的差异，在20世纪90年代中期以前，微型金融分为两个阵营（孙若梅，2006）：一个是以孟加拉"乡村银行"（GB模式）为代表的贫困阵营，强调为核心贫困阶层提供生产所需贷款。这种模式在亚洲比较流行，它追求为贫困户服务和机构持续发展的双重目标，但首先强调为核心贫困阶层提供贷款服务，更注重帮助穷人中的赤贫者、脆弱集团中的最脆弱群体，强调以妇女为主要目标客户。另一个是微型企业金融服务阵营，是在拉丁美洲以小企业金融发展起来的微型金融模式，强调为正规金融难以覆盖的整个低收入阶层提供金融服务，以机构的财务自立为主要目标；主要服务于拥有小企业的穷人和自我就业者。20世纪90年代中期以后，两大阵营开始融合，在微型企业金融中出现了"扶贫贷款"的概念，而在"扶贫"阵营中，比以往更加重视商业运作和可持续发展。微型金融的总体目标是为贫困人群服务，改善其福利状况，但在确定具体的目标客户时，有观点认为（朱铃，1998），微型金融的借款人至少须具备最低储蓄能力，对于尚不具备此条件的赤贫人群，信贷手段往往失效，对于这一人群，更有效的扶助手段是直接提供培训和就业机会，或采用救济的手段。CGAP对一些国家微型金融服务的目标客户进行了研究，结果表明，绝大多数微型金融属于中度贫困和脆弱的非贫困家庭，即边缘贫困；极度贫困的人口并不是微型金融客户的主体，而依靠国际项目资助或公益性质的微型金融项目可能会将目标群体设定为极度贫困的人群或赤贫人口。

按照微型金融的不同划分类型，微型金融的目标群体设定也存在一定差异。非政府组织、国际机构、社会团体等民间组织操作的微型金融更多地瞄准特定对象，目标群体是贫困地区的贫困户，不少机构强调以贫困妇女为主要受益群体。以扶贫攻坚为宗旨、国家扶贫贴息贷款为主要资金来源的政府微型金融扶贫项目，其目标群体是有生产能力的贫困户，以按政府组织登记的贫困户为基本目标群体，但不十分强调以妇女为主。金融机构操作的微型金融作为农村金融市场中的运行主体，其目标群体着眼于更广阔的农村金融市场，凡符合农信社、贷款公司贷款条件的中低收入人群（包括个人与中小型企业）都可以享受其提供的信贷服务。

综上，微型金融目标群体的总体特征主要表现为：处于中低收入阶层、有一定的生产能力、有自我发展的意识、无法获得或无法充分获得所需的金融服务。因此，微型金融的目标群体可以锁定在具有这些特征的人群。

4.3.3 微型金融的基本原则

微型金融的模式和类型多种多样，微型金融在运作过程中均遵循一定的基本原则，根据世界银行扶贫协商小组（Consultative Group to Assist the Poor，CGAP）对微型金融基本原则的论述，微型金融的基本原则归纳为以下几点：①中低收入群体需要贷款、保险和汇兑等全方位的金融服务。②小额信贷是扶贫的有力工具。③小额信贷是为中低收入群体服务的金融体系。④小额信贷的目标是建立持久的地方金融机构。⑤对于那些没有收入来源和还贷手段的赤贫者来说，其他扶贫形式更为有效。⑥小额信贷机构的目标是服务中低收入群体，且必须做到收入覆盖所有成本，实现自负盈亏。⑦低利率不利于对中低收入群体提供贷款。⑧政府很难较好地运作贷款业务，其职责应是保障金融服务的有效性。⑨捐赠资金与私营资本应该是互补的，而不是竞争关系。⑩小额信贷发展的主要瓶颈是缺少有实力的机构和经营管理团队，捐助者的支持应集中在能力的培训和提升上。⑪小额信贷的成长有赖于财务状况改善和提升。

4.4 微型金融是金融扶持弱势群体的有效方式

4.4.1 微型金融增进中低收入群体进入信贷市场机会的均等性

为中低收入群体提供金融服务的微型金融业务通过自动瞄准机制和各种风险防范的制度安排，有效地克服了金融市场存在的市场失灵问题。由于缺乏担保抵押资产，中低收入群体通常被正规金融体系排斥在外，而微型金融设计了新的契约结构和贷款产品，为那些无法获得金融服务的人群提供了进入信贷市场的平等机会。

（1）缓解信息不对称的制度设计

由于金融市场的信息不对称产生的道德风险和逆向选择问题，使商业金融服务依赖传统的抵押担保品来规避客户的贷款风险，而中低收入群体由于缺乏这种有效的抵押担保品，被正规金融机构排斥在服务对象之外。微型金融基于团体贷款和社区信任机制有效地克服了信息不对称问题，使贷款的风险得以有效控制。团体贷款的小组成员对彼此的生产经营及生活方式相对熟悉，相互之间结成的联保小组一方面可以作为共同担保形式获得贷款，另一方面也起到相互监督偿还贷款的作用，这一模式为缺乏有效抵押担保资产的中低收入群体提供了进入信贷市场的机会。此外，基于社区信任的微型金融大都集中在某个特定的地区或村落，微型金融的客户和信贷员长期生活于这个社区，相互之间形成了一种社区信任关系。信贷员基于社区关系对客户进行考察并监督其贷款的使用，客户为了维护自身的声誉和社区信任度，在获得信用贷款后不会发生违约行为，保证了较高的还款率。

无论是团体贷款模式还是基于社区信任的个人贷款模式，都有效地克服了农村金融市场的信息不对称问题，微型金融制度设计使原本缺乏有效抵押担保品而被正规金融系统排斥在外的中低收入群体获得了进入信贷市场的机会，并实现了微型金融体现公平的目标。

（2）放松抵押担保制约的还款制度安排

商业金融市场以个人拥有的可以作为贷款抵押的资产和以往的信用记录为基础，决定一个人可以进入信贷市场的程度，只有这样才可以保证一旦人们发生违约行为，清晰且定义良好的惩罚机制得以发挥作用。然而对于中低收入群体而言，他们没有传统银行要求的典型意义的抵押和担保，也无法显示其未来可能还款的意愿，因此无法通过传统的途径获得贷款。基于社会契约的微型金融将中低收入群体的还款意愿有效地显示出来，使传统金融需要抵押担保化解风险的做法用不同的方式得以体现。

微型金融采用替代方式探索显示还款意愿的非经济途径，团体贷款和基于社区信誉的贷款是这一形式的创新。社会契约的形式以及由此延伸的社区信任、熟人效应使微型金融对违约实施的社会惩罚可以作为化解贷款风险的有效保障。此外，分期还款将无法实施的一次性惩罚分解，使微型金融机构有可能及时采取措施应对拖欠。同时，小额度和分期还款的制度安排自动阻止了富裕人群进入微型金融市场，因为相对于中低收入人群而言，富裕人群需要付出较高的交易成本，而且他们从小额的贷款中得到的边际收益低于中低收入人群。因此，微型金融机构通过专门的制度设计，使正规金融机构需要抵押担保化解风险的做法以不同的方式得到了实现，并有效地瞄准了中低收入群体。

4.4.2　契约约束的微型金融有利于提高资金的配置效率

（1）信息不对称与契约安排

在哈耶克（Hayek）看来，资源的任何配置都是特定决策的结果，而人们做出的任何决策都基于给定的信息，因此，经济生活中所面临的根本问题不是资源的最优配置问题，而是如何最有效地利用分散在整个社会中的不同信息，因为资源配置的好坏取决于决策者所掌握的信息的完全性和准确性（张世春，2007）。然而在现实经济活动中，各交易个体所掌握的信息不仅是不完全的，而且是不对称的，交易当事人的一方可能隐瞒自己的私有信息，并借助于提供不真实的信息来实现自身效用的最大化，这种行为同时也可能会损害另一方的利益。

基于社会契约的微型金融模式使交易双方在所处的共同社区范围内进行信贷交易，有效地解决了金融市场的信息不对称问题。在社会契约的约束下，微型金融机构瞄准那些有自我生产和发展能力，且拥有较好社会资本的人群，这些人在社区范围内的声誉较好，而且将声誉视为自身拥有的社会财富，因此微型金融机构为他们提供信用贷款时可以使社会契约充分地发挥作用，在降低信用风险的同时也提高了信贷资源的分配效率。

（2）交易活动中的不确定性与契约安排

当交易活动中存在信息不对称时，交易活动产生的结果就不能完全确定，库普曼斯（Koopmans）把不确定性分为两类：一是外在的不确定性，主要是由经济系统以外的因素随机变化而产生的不确定性；二是内在的不确定性，是经济系统内由于信息的不对称而产生的不确定性。契约安排可以减少交易活动的不确定性，减少不确定性带来的交易费用和损失，从而促使交易的顺利完成。

中低收入群体在适应市场经济发展、参与市场竞争方面所具备的能力不足，微型金融一方面为中低收入群体提供进入信贷市场的平等机会，另一方面还承担着向这部分人群灌输市场意识，帮助其提高收入、改善福利的责任。微型金融通过组织培训和开展社区活动为客户提供了接触市场和先进经验的平台，提高了客户应对市场变化的能力。因此，基于偿还性的微型金融方式在培养中低收入人群的竞争意识、竞争能力以及自我可持续发展方面具有优于传统扶贫方式的作用，契约约束的微型金融更符合市场经济的制度安排和市场效率。

（3）金融资源的稀缺性与契约安排

金融资源是一种稀缺资源，传统的救济性资金往往配置效率低下，难以取得预期效果。而微型金融通过贷款额度、分期还款安排、小组联保及中心会议等制度瞄准目标群体，从而保证了金融资源服务目标客户的出发点。因此，有契约约束的、偿还性的微型金融可以使金融资金循环使用，通过反复投放提高资金的使用效率，能让更多的中低收入群体受益。

5 微型金融机构可持续发展的内在机制

传统信贷市场由于普遍存在的信息不对称问题导致道德风险和逆向选择，克服信息不对称的有效方法是要求借款者提供抵押品，然而中低收入阶层和小微企业恰恰缺乏以自有资本为依托的担保和抵押品，同时也缺乏信贷记录和资信评估报告，因此微型金融行业面临着解决信息不对称问题的困境。除此之外，微型金融机构的客户多分布在农村地区或偏远地区，分散居住的状况增加了微型金融的交易成本。如何克服微型金融市场借贷双方信息不对称和交易成本过高的问题，提高微型金融的运作效率，是微型金融制度创新要解决的关键问题。微型金融通过核心的制度设计和有效的运行机制，走出了一条金融服务创新的路径。

5.1 团体贷款机制

团体贷款也称为小组贷款，是个人为了获得贷款而自愿组成联保小组，并承诺对小组其他成员的违约承担连带责任的一种贷款制度。建立小组并承担本小组成员还款责任是微型金融机构给客户贷款的条件，这种方法起到了使成员间互相监督的作用。通过这样的机制，机构实际上把本该由自己承担的信贷风险转移给了相互之间更加了解的小组群体中，实现了小组内、客户间的相互监督和压力，有效地克服了信息不对称所造成的逆向选择问题，降低了微型金融机构对贷款风险监督和控制成本。Ghatak（1999）① 利用模型分析了同质的客户组成的贷款小组可以有效地解决逆向选择问题，同时小额信贷的贷款价格还存在一定的歧视性，即针对不同的贷款小组，贷款的利润不尽相同。

团体贷款还可以帮助克服道德风险问题。Besley 和 Coate（1995）、Stiglitz（1990）的研究表明，尽管在正规金融信贷中，银行由于无法完全控制借款者行为而面临道德风险，团体贷款的小组成员却可以监督贷款的使用情况，约束成员从事风险性大的项目，从而有助于克服道德风险问题。

5.2 动态激励机制

动态激励机制就其本身而言，是指在多期重复博弈的环境中，将借贷双方对未来的预期和对历史记录的考察纳入合约框架，设计的能够促进借款人改善还款行为的机制（朱乾宇，2010）。从微型金融的实践经验来看，动态激励机制被证明是行之有效的风险管理手段，无论是对团体贷款模式还是对个人贷款模式，均能起到控制风险和激励客户的作用。动态激励可以分为两种形式：第一种形式是检验性的重复博弈，即借款者在借款期限内能够按时还款，那么在后续的贷款中就可以方便地获得相同的贷款，如果借款者不能及时偿还贷款或发生违约行为，则后续的信用贷款渠道将被切断。第二种形式是在第一种形式的基础上实行后续贷款承诺，按期还款的借款者可以获得更大额度的"累进"贷款，建立更大规模的信用关系。这种累进的后续贷款承诺增加了借款者逃废贷款的机会成本，对借款者履约产生一种正向激励（焦瑾璞、杨骏，2006），因此微型金融的动态激励机制可以有效避免团体贷款中合约借款人之间可能出现的逃债"合谋"，从而

① Ghatak M., Guinnane T. W. The Economics of Lending with Joint Liability: The theory and Practice [J]. Journal of Development Economics, 1999（60）.

保证了较高的还款率（朱乾宇，2010）。

5.3　贷款申请与还款安排

与多数银行机构复杂烦琐的申请流程不同，微型金融服务针对中低收入人群设计了简单快捷的贷款申请程序。有些微型金融机构甚至无须借款者提交各种书面材料，工作人员还会为没有阅读能力的借款者宣读贷款政策，帮助其填写贷款申请，有效地提高了微型金融机构的运作效率。

微型金融机构一般采取分期还款的方式，贷款周期可以是固定周期也可以是灵活周期，固定还款周期可以是每周、每半个月、每一个月，灵活还款采取随时有钱随时还的方式。分期还款使微型金融机构更加关注自身的现金流管理，也对客户的现金流管理提出了更高的要求。此外，分期还款还具有早期预警功能，便于机构提早发现那些具有较大潜在风险的贷款，而且分期还款制度还提高了有效利率，使得实际利率高于贷款合同的名义利率。

5.4　灵活的抵押担保方式

微型金融机构的客户缺乏资产类的抵押品，大多数机构原则上不需要抵押或采取灵活的抵押担保形式。灵活的抵押担保形式可以是强制储蓄，也可以是小组共同基金，还可以是一般商业银行不愿意接受或正规金融市场不受法律保护的资产形式，甚至是可以预期的未来收入和现金流等。抵押担保形式上的创新有力地促进了信贷合约的执行，降低了微型金融机构的运营成本。虽然客户提供的抵押品并不能完全覆盖贷款违约带来的损失，且这些抵押品本身的变现能力较差，但是对微型金融机构的客户而言，抵押品的价值是非常大的，从而激励了他们执行合约和按时还款的行为。

5.5 微型金融机构可持续发展的内在机制分析
——以小额贷款公司为例

本部分在总结微型金融机构核心运行机制的基础上，以中国小额贷款公司为例，从政策制度、组织构建、治理结构和运作机制四个方面全面分析小额贷款公司可持续发展的内在机制。

5.5.1 小额贷款公司的政策制度

5.5.1.1 小额贷款公司的行业制度

2005 年，中国人民银行、中国银行业监督管理委员会、财政部、商务部、农业部等部门为了缓解农村金融的供给短缺，促进民间金融的发展，开展了小额贷款公司试点项目研究和政策问题的讨论。2005 年底，中国人民银行在陕西、山西、内蒙古、四川、贵州等地开展试点，2005 年 12 月，山西平遥首次正式成立了两家民间资本投资的小额贷款公司，到 2007 年底，这五省共设立了 7 家小额贷款试点公司。

2008 年 5 月 4 日，中国银监会、中国人民银行联合下发的《关于小额贷款公司试点的指导意见》（银监发〔2008〕23 号）（以下简称《指导意见》）是我国小额贷款公司试点工作的全国统一政策文件。文件对小额贷款公司的性质、设立、来源、使用、监督管理和终止等做出明确规定。随后，全国各省市相继颁布了小额贷款公司试点规范性文件，小额贷款公司试点工作在全国范围内迅速展开。省、市有关文件按照《指导意见》的主要内容制定，对小额贷款公司试点工作做出更加具体、详细的规定。有关北京地区及全国小额贷款公司制度的具体要求及差异表现在以下几个方面：

（1）准入条件宽严不一

在准入条件方面，各省份根据本地实际情况对《指导意见》做出了适当调整。银监会规定，有限责任公司的注册资本大于500万元并由50个以下的股东出资。股份有限公司的注册资本大于1000万元并有2～200名发起人，且50%以上在中国境内有驻地。在欠发达的省市，对投资者的要求大大降低，这有利于吸引私人资本流入。例如，在内蒙古自治区，标准与银监会一致。然而，在民间资本充裕的省份，如北京、浙江、上海、天津，准入条件中注册资本和投资者资格被提高了，如表5-1所示。

表5-1　典型地区小额贷款公司准入条件

地区	小额贷款公司准入条件
银监会	• 有限责任公司≥500万元；50个以下的股东 • 股份有限公司≥1000万元；2～200名发起人，其中须有半数以上的发起人在中国境内有住所 • 内蒙古自治区标准同银监会
北京	• 有限责任公司≥500万元，股份有限公司≥1亿元 • 注册资本来源应真实合法，全部为实收货币资本，由出资人或发起人一次足额缴纳
浙江	• 有限责任公司≥5000万元（欠发达县域≥2000万元），股份有限公司≥8000万元（欠发达县域≥3000万元） • 上限不超过2亿元（欠发达县域1亿元）
上海	• 有限责任公司≥2000万元，股份有限公司≥5000万元
重庆	• 有限责任公司≥2000万元，股份有限公司≥2000万元
辽宁	• 有限责任公司≥2000万元，股份有限公司≥3000万元 • 上限不得超过2亿元
安徽	• 有限责任公司≥2000万元，股份有限公司≥4000万元
天津	• 2亿元≥有限责任公司≥5000万元，3亿元≥股份有限公司≥1亿元
山东	• 有限责任公司≥5000万元（欠发达县域≥2000万元），股份有限公司≥7000万元（欠发达县域≥3000万元） • 上限不超过1.5亿元

（2）贷款政策差异较大

在贷款要求方面，小额贷款公司本着服务农民、发展农业和农村经济的原则为前提选择贷款对象。贷款的发放应坚持"小额、分散"的原则，鼓励小额贷款公司为"三农"和中小微企业提供贷款服务，重点扩大客户数量和服务范围，要求同一借款人的贷款余额不得超过小额贷款公司净资产的5%。各省份在政策设计上存在较大差异。在北京，贷款主要面向个人、企业和农民，全年"三农"贷款不低于全年贷款总额的70%。在具体的贷款发放过程中，借款人为同一人时，贷款余额不能超过小额贷款公司净资产的3%。浙江省的民营经济发达水平较高，小额贷款公司的贷款主要流向当地的小微企业，占贷款总额的一半以上，小额贷款公司70%的资金应用于同一借款人贷款金额不超过50万元的小额借款人，其余30%资金的单户贷款余额不得超过资本金的5%。在山西，贷款主要发放给当地农民。贷款的最高额不超过10万元，多数在5万元以下并且比例高达75%。在这其中规定委托贷款数额在50万元以上并累积的自有资金不能超过1/3。表5-2为典型地区小额贷款公司的具体贷款要求。

表5-2 典型地区小额贷款公司贷款要求

地区	小额贷款公司贷款要求
银监会	●在坚持为"三农"服务的基础上自主选择贷款对象；同一借款人的贷款余额不得超过小额贷款公司资本净额的5%
北京	●全年"三农"贷款不低于全年贷款总额的70%。在具体的贷款发放过程中，借款人为同一人时，贷款余额不能超过小额贷款公司净资产的3%
浙江	●70%的资金应用于借款余额≤50万元的小额借款人，其余30%资金的单户贷款余额≤资本金的5%；不得向股东贷款
上海	●鼓励面向"三农"与小企业提供信贷服务，着力扩大客户数量和服务覆盖面。同一借款人的贷款余额不得超过小额贷款公司资本净额的5%，50%以上的借款人贷款余额不超过50万元。小额贷款公司不得向股东及其关联方发放贷款
山西	●贷款的最高额不超过10万元
山东	●70%资金应发放给贷款余额≤50万元的小额借款人，其余30%资金的单户贷款余额≤资本金的5%。不得向其股东发放贷款

续表

地区	小额贷款公司贷款要求
天津	●70% 资金应发放给贷款余额≤50 万元的小额借款人，其余 30% 资金的单户贷款余额≤资本金的 5% ●若提供担保，需按照 5∶1 折抵对单一借款人的贷款余额
甘肃	●对同一借款人贷款余额不超过 30 万元，发放给小额借款人贷款总额不低于小额贷款公司资本金的 70%，其余 30% 资本金对同一借款人的贷款余额不得超过小额贷款公司资本金的 5%
深圳	●鼓励面向"三农"与小企业提供信贷服务，着力扩大客户数量和服务覆盖面。同一借款人的贷款余额不得超过小额贷款公司资本净额的 5%，50% 以上的借款人贷款余额不超过 50 万元。小额贷款公司不得向股东及其关联方发放贷款

（3）在贷款利率方面

银监会的《指导意见》指出，在市场化经营的原则下，逐渐放宽利率限制，但是利率限制范围是央行公布基准贷款利率的 0.9 倍至司法部门规定的上限。具体浮动区间根据市场原则确定。全国小额贷款公司的利率政策与《指导意见》基本一致，利率上限被限制在银行同期利率的 4 倍以内。大部分小额贷款公司的贷款利率水平控制在 2.5 ~ 3 倍，一般高于商业银行贷款利率，但低于民间融资利率，这有助于抑制农村金融市场的高利贷行为，保证小额贷款贷款公司客户利益。

随着小额贷款公司行业的蓬勃发展，各省份政府也相继颁布了促进小额贷款公司的发展意见，从审批程序的简化、融资渠道的拓宽、税收的减免、政策帮扶力度的扩大与管理规范化等方面加强对小额贷款公司的管理与支持，这些行业制度都促进了小额贷款公司的可持续发展。

5.5.1.2　小额贷款公司的监管制度

《指导意见》指出，省级政府应明确一个主管部门（金融办或者相关机构）负责小额贷款公司的监督管理。这意味着小额贷款公司的监管工作被下放到各个省，在一定程度上赋予了试点省份监管的灵活性。虽然全国范围内没有统一的监管制度，但各省市在 2008 年《指导意见》出台后相继颁布了小额贷款公司监督管理的暂行办法。

银监会在 2014 年全国银行业监督管理工作会议上提出，银监会和有关部门应共同制定统一的全国小额贷款企业监管体系和业务管理制度，履行监管职责。此外，还联合中国人民银行发布《小额贷款公司管理办法（征求意见稿）》报国务院确认，并对小额贷款公司的业务范围、融资、监管等方面做出了切实的改变与进步。尤其值得注意的是，"从银行业金融机构获得融入资金的余额，不得超过资本净额的 50%""同一借款人的贷款余额不得超过小额贷款公司资本净额的 5%"等规定都将取消。与此同时，在过去小额贷款公司在风险控制方面处于劣势是因为它们无法进入信用调查系统。草案明确规定小额贷款公司可以通过当地小额贷款公司协会向信贷局查询贷款信用信息。典型地区小额贷款公司监管要求如表 5－3 所示。有关小额贷款公司的监管政策虽然在某些方面限制了小额贷款公司的迅速扩张，但对于小额贷款公司的监督管理、风险防范与处置、违规处理等方面的制度要求保证了公司的良性运转和可持续发展。

表 5－3　典型地区小额贷款公司监管要求

地区	小额贷款公司监管要求
银监会	● 省级政府明确一个主管部门（金融办或相关机构）负责监督管理
北京	● 市金融办为市级主管部门，负责试点工作的统筹协调、审批、监督与风险处置
浙江	● 省金融办负责全省试点工作的组织、协调、规范和推进工作，县级政府是风险防范处置的第一责任人，日常监管由县级工商部门承担
上海	● 监管由上海市推进小额贷款公司试点工作小组办公室负责，市金融办为试点工作的主管部门，承担日常监管工作
山西	● 晋中市推广领导组和各县（市）实施小组的成员单位负责监测和管理，并成立了小额贷款公司行业协会实现政府和民间组织的双重监管
内蒙古	● 接受自治区金融办和各盟市金融办的监督管理"各盟市金融办作为属地管理机构"是本地监督管理的第一责任人，负责筹建、初审、日常监督以及风险处置

5.5.2 小额贷款公司的组织架构

5.5.2.1 机构设置

小额贷款公司是依照《公司法》设立的企业法人组织，其组织结构应当依照《公司法》的有关规定设立。在实践中小额贷款公司一般按照普通公司的设计要求进行划分。但是由于小额贷款公司特殊的财务属性，其组织设置不能照搬公司法的所有规定，而是要根据小额贷款公司的实际情况进行设计和完善。在实际操作过程中，小额贷款公司在机构设置上差别不大，小额贷款公司主要部门一般分为贷款部门、风险控制部门和综合管理部（见图5-1）。

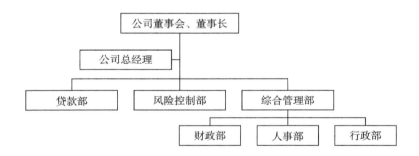

图5-1 小额贷款公司组织架构

5.5.2.2 岗位职责

小额贷款公司的贷款业务部主要负责贷款产品设计、客户开发、贷款调查、贷款条件落实、贷款发放和回收。风险控制部门主要负责贷款项目的风险审计和评估，制定授信方案，控制不良贷款率，收回不良贷款，提取风险资产。综合管理部主要负责公司的日常管理、人力资源和财务管理（见图5-2）。完善的组织架构与部门之间权责分明利于小额贷款公司的可持续发展。

贷款部

- 1.根据客户情况推荐业务产品
- 2.负责客户资源的开发和维护
- 3.负责各项工作计划和业务指标的实施、总结
- 4.制订和完善贷款业务规章制度及操作规程，组织执行并进行检查
- 5.负责制订业务人员的专业培训计划与方案
- 6.负责贷款业务调查、评价、评审工作，并出具贷款调查报告
- 7.落实贷审会审批条件，办理贷款担保手续
- 8.负责业务台账登记、业务报表编制及上报工作
- 9.负责贷后管理工作
- 10.完成贷款本息回收及催收工作
- 11.完成公司领导交办的其他工作

风险控制部

- 1.制定和完善信贷风险管理制度
- 2.审查贷款资料的真实性、合法性、准确性、全面性
- 3.对贷款项目作出风险评价，出具风险评价报告
- 4.组织贷款会审和会签工作
- 5.核实借款人的信用记录以及担保人的资质和担保能力，协助业务部门办理担保手续
- 6.负责贷后监督检查工作，对可能出现的风险及时采取防范措施
- 7.对出现风险的贷款业务及时介入并参与处置
- 8.监督贷款管理制度的落实
- 9.负责风险管理档案资料的收集、整理与归档
- 10.定期编制信贷风险管理报表、分析信贷风险、做好信贷五级分类
- 11.完成公司领导交办的其他工作

综合管理部

- 1.根据公司业务经营要求，完善公司组织结构，合理进行人员配备
- 2.组织和实施公司人员培训、绩效考核等工作
- 3.负责员工工资、劳动合同、社会保险等日常管理
- 4.制定公司员工劳动纪律奖惩方案，并定期检查
- 5.负责公司的文件档案管理
- 6.负责公司办公用品的采购申报和管理
- 7.撰写公司年度总结及下年度工作计划
- 8.负责与集团其他部门的沟通协调
- 9.负责公司综合统计分析及公司内部报表工作
- 10.负责公司财务管理
- 11.负责公司印章管理
- 12.完成公司领导交办的其他工作

图 5 - 2　小额贷款公司部门职责

5.5.3　小额贷款公司的治理结构

为了防范小额贷款公司的经营风险，增强员工的责任感与使命感，小额贷款公司应该遵循权力、责任和利益平衡的治理机制，激励管理者和员工共同为提升

公司的利益而努力，实现公司可持续发展。一般而言，小额贷款公司的治理结构主要表现在以下几个方面：

5.5.3.1 股权结构与治理构架

有限责任公司与股份有限公司是小额贷款公司的两种公司形式。由多个股东组成的小额贷款公司，其公司治理构架一般包括股东会、董事会、监事会，单独股东的公司就只有董事会和总经理。小额贷款公司的董事会是治理机构的主要组成部分，完善的董事会设置有利于更好地决策，促使高层管理人员对公司管理的有效性，从而提高小额贷款公司投资者的信心，促进公司长期可持续发展。

5.5.3.2 绩效考核机制

小额贷款公司的量化考核指标将贷款销售人员的薪酬与业绩挂钩，通过这种方式调动和刺激贷款业务员的积极性。小额贷款公司根据贷款的回收情况，制定相关的激励措施。如贷款业务员在规定时间收回贷款，公司给予一定的奖励和佣金。此外，加强小额贷款公司内部的风险控制，将贷款业务员的销售提成作为风险担保金，适度增加贷款业务员的压力，增强业务员风险意识，促进小额贷款公司可持续发展。

5.5.4 小额贷款公司的运作机制

5.5.4.1 动态激励机制

合理的激励机制可以促进小额贷款公司的健康发展，确保公司有效运行。小额信贷公司提供较灵活的抵押担保贷款，一般而言，面对初次贷款的客户，小额贷款公司会限定一定的贷款额度，定期对客户的还款行为进行监督和风险评估，客户按期偿还贷款后，小额贷款公司会上调客户信用级别，给予贷款客户更高的贷款额度或更低的贷款利率等优惠政策。

贷款的续借管理制度也体现了小额信贷的动态激励机制，贷款客户为了获得更大额度的生产性信贷资金，必须如期履行贷款偿还义务，保证自身的信用状况没有任何缺失。对小额贷款公司而言，给信用良好的老客户持续贷款可以有效降低信用风险和管理成本，同时保持了机构较高的客户保有率，保证机构的可持续发展。

5.5.4.2 风险控制机制

小额贷款公司的服务对象主要是中低收群体和中小微企业，由于贷款对象的相对特殊性，贷款风险控制和防范是小额贷款公司面临的关键问题。风险控制机制可以从以下两个方面促进小额贷款公司的可持续发展：

（1）风险内控机制

第一，建立群体还款监督机制。群体还款监督机制是指小额贷款公司将不同的贷款人连接到一个特定的系统来监督还款的创新机制。实施小额贷款群体还款监管机制，对于提高贷款人的还款意识，防范和化解小额贷款公司的经营风险具有重要作用。规范贷款人之间的还款行为可以降低贷款人的道德风险，也可以降低小额贷款公司对贷款人的监管成本。

第二，建立动态的还款激励机制。从小额贷款公司的实践经验来看，动态激励机制被证明是行之有效的风险管理手段，能够起到控制风险和激励客户的双重作用，如果借款人能够在借款期限内按时还款，那么在后续的贷款中就可以方便地获得；如果借款人不能及时偿还贷款或发生违约行为，则后续的信用贷款渠道将被切断，从而降低小额贷款公司的风险。

（2）风险分担机制

对于小额贷款公司来说，单一的风险内部控制方法不能有效地预防和控制所有的贷款风险，利用风险分担机制通过第三方机构分散和规避风险，对于提高小额贷款的风险容忍度和可持续性具有重要意义。小额贷款公司的风险分担体系实际上是小额贷款的风险再分配过程，小额贷款公司可以寻求与担保公司合作，共同分担风险分享利益。担保制度的创新使借款人能够以股权质押等新形式为企业提供担保，同时小额贷款公司还可以通过优先采取激励和引导措施，引导借款人通过优惠的贷款利率和还款条件向担保公司申请贷款，在扩大业务范围的同时进一步规避了风险。

5.5.4.3　贷款申请和审批机制

（1）贷款业务操作流程

小额贷款公司较为标准完备的业务流程有助于公司提高贷款发放的效率，降低贷款的风险。小额贷款公司在得到客户贷款申请后，通过实地调查决定是否可以发放贷款，一旦初审通过，后续通过贷款审批、合同签订、贷款拨付、贷后管理等环节完成贷款业务的全部流程，如图 5 - 3 所示。标准化的业务流程大大缩短了贷款审批时间，一般的贷款审批发放业务 2 ~ 3 天就可以完成，满足了小额贷款客户缺少抵押品、贷款数额较小、贷款需求迫切等特点。通过标准化的业务操作流程也大大降低了小贷公司的管理成本，促进机构的可持续发展。

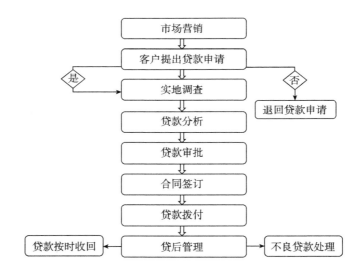

图 5 - 3　小额贷款公司业务流程

（2）贷款审批机制

小额贷款公司在客户申请贷款的同时需要进行贷款审批流程，良好的贷款审批机制有利于降低小额贷款公司的经营风险，实现可持续发展。

首先，贷款审批主要关注客户的还款能力和还款意愿，为了规避信息不对称导致的贷款风险，小额贷款公司业务员需全面了解贷款客户的收入情况和现金流情况，通过交叉识别多向信息考查贷款客户的还款能力，必要时还需要入户实地调查，通过不同方式、不同受访者的信息来分析借款人的还款意向。其次，贷款部主任负责贷款审核。贷款部主任需要审查新客户，同时也要抽查老客户，以便核实贷款业务员对客户所调查信息的真实性，确保信息真实有效后可以签署审查意见并向公司进行报备。最后，贷款部根据贷款额度的大小进行分级审核。例如，贷款部主任审批5万元以下额度的贷款，当额度超过5万元时，小额贷款公司的管理层组成审批小组，召开小组会议，将通过审批小组集体决策。

6　微型金融机构可持续发展的
实证评估

6.1　可持续发展评价指标体系的设计原则

6.1.1　有效性原则

有效性原则要求所选指标能够有效反映微型金融机构可持续能力的实际情况，从而对分析对象的可持续发展状况进行科学诊断，为管理者提供现实依据，为提高机构可持续发展能力发挥指导作用。

6.1.2　可操作性原则

可操作性是微型金融机构可持续发展指标评价体系实践作用的重要体现，这一原则要求在设计机构可持续发展的评估指标体系时，应设计能够容易获得且能够准确衡量的指标，这样才能在获得可靠信息和数据的基础上对机构的可持续能力进行客观、准确的评价。

6.1.3　全面性和重要性相结合的原则

微型金融机构可持续发展评价指标体系应该能够客观地反映机构的发展现

状、运作水平及可持续发展的潜力，因此评价指标体系应尽可能涵盖影响微型金融机构可持续发展的各个因素，但还应根据各因素的重要程度，强调可持续发展能力评价的主要因素，既要全面系统又要主次分明。

6.1.4 实用性原则

构建微型金融机构可持续发展能力评价体系应遵行简洁实用原则，复杂的评价体系对使用者和操作者会有一定程度的挑战，不利于推广应用和客观评价。

6.2 可持续发展指数的构建：基于 MIX 数据库

6.2.1 指标体系的构建

6.2.1.1 样本及变量的选择

基于上述对微型金融机构可持续发展不同维度的定性分析，同时参考了世界上认可度较高的主要衡量指标，本部分选取如表 6 - 1 所示的指标构建可持续发展指数。数据主要来源于微型金融信息交流中心（Microfinance Information Exchange，MIX）平台，具体包含 2014 ~ 2016 年国际上 24 个国家的 96 家微型金融机构（MFIs）的数据。

表 6 - 1 可持续发展指数构建指标体系

一级指标	二级指标	变量	计算方法
目标变量		可持续发展指数（Index）	AHP 层次分析加权值得到
金融服务可持续	金融服务可负担度	人均贷款费用取对数（Expsize）	ln（总费用/活跃贷款人数）
	金融服务年限	机构成立年限取对数（Age）	ln（机构当前年数 - 机构成立年数）

续表

一级指标	二级指标	变量	计算方法
组织管理可持续	成本控制能力	总费用率（TEA）	总费用/总资产
	风险管理能力	逾期30天未偿还贷款率（PAR）	（逾期30天未偿还贷款余额 + 重置贷款）/调整后的贷款总余额
		贷款损失准备金率（LLR）	贷款损失准备金/未偿还贷款总额
财务可持续	机构规模	资产规模（Size）	对资产总额取对数，资产总额单位为美元
	盈利能力	资产收益率（ROA）	利润/总资产
		实际收益率（Ryield）	（调整后的名义收益率 – 通货膨胀率）/（1 + 通货膨胀率）
	财务独立性	经营自给率（OSS）	营业收入/（营业费用 + 财务费用 + 贷款损失准备金）

6.2.1.2 样本的描述性统计

为了进一步了解2014~2016年微型金融机构在微观维度上的趋势变化，本部分对可持续发展指数（Index）、人均贷款费用取对数（Expsize）、机构成立年限取对数（Age）、总费用率（TEA）、逾期30天未偿还贷款率（PAR）、贷款损失准备金率（LLR）、资产规模（Size）、资产收益率（ROA）、实际收益率（Ryield）以及经营自给率（OSS）的年度均值做了描述性统计。如表6-2所示。

表6-2 样本的年度均值描述性统计

变量名称	变量符号	2014年均值	2015年均值	2016年均值
可持续发展指数	Index	1.6225610	1.6517540	1.7107520
资产收益率	ROA	0.0401393	0.0496342	0.3547108
经营自给率	OSS	1.2117700	1.1791910	1.1602880
实际收益率	Ryield	0.2846885	0.3033933	0.2949677
机构成立年限	Age	2.4514400	2.5602090	2.6504830
资产规模	Size	17.2489100	17.4271200	17.5549100
贷款损失准备金率	LLR	0.0467890	0.0490201	0.0682495
逾期30天未偿还贷款率	PAR	0.0413885	0.0572917	0.0701250
总费用率	TEA	0.1972476	0.1942462	0.1917362
人均贷款费用	Expsize	4.5631090	4.6195600	4.7146960

主要变量整体趋势和年度统计分析结果如表 6 - 3 所示。其中，总资产收益率（ROA）的均值为 14.8%，机构整体处于相对较高的水平，但其最大值为是其均值的 200 多倍，盈利能力波动很大，尤其是 2016 年微型金融机构资产收益率整体有明显的大幅度改善；而实际收益率（Ryield）的年度均值并未有较大提升，呈现稳中略有下降的趋势，不过尚处在合理水平之间，符合机构行业竞争发展需要。经营自给率（OSS）的整体均值为 118.37%，表明微型金融机构整体上能够通过自身营运收入覆盖其营运成本，基本实现经营可持续发展，但呈现逐年下降的趋势。资产规模（Size）取完对数后的整体均值为 17.4，相比行业最大最小值差别不大，一直保持稳定状态。贷款损失准备金率（LLR）和逾期 30 天未偿还贷款率（PAR）整体均值都在 5.5% 左右，风险控制能力普遍较低，风险暴露逐年增加，值得关注。平均资产规模为 3641 万美元，机构成立年限（Age）的整体均值为 2.55 年，逐年保持稳步上升的态势。总费用率（TEA）的整体均值为 19.44%，逐年下降；但微型金融机构的整体人均贷款费用（Expsize）为 4.632 美元，呈逐年上升的态势。综上所述，本部分所选样本主要为经营时间在 8 年以上，资产规模相对较大的成熟机构，符合机构可持续发展的样本选取条件，研究结果具有一定的科学性和参考性。

表 6 - 3　样本数据整体描述性统计

变量名称	变量符号	均值	标准差	最小值	最大值
可持续发展指数	Index	1.6887840	0.4216977	0.3252220	5.0884290
资产收益率	ROA	0.1481614	2.2612290	− 7.6570920	37.5302400
经营自给率	OSS	1.1837490	0.8680408	0.0113159	9.7130490
实际收益率	Ryield	0.2943498	0.1570693	0.0046519	1.2635650
机构成立年限	Age	2.5540440	0.6529785	0.0000000	3.7841900
资产规模	Size	17.4103100	1.8038260	12.5061800	21.5297100
贷款损失准备金率	LLR	0.0546389	0.1342415	− 0.0106792	1.0413700
逾期 30 天未偿还贷款率	PAR	0.0562684	0.1205031	0.0000000	0.9375000
总费用率	TEA	0.1944100	0.1634234	0.0000394	1.0660290
人均贷款费用	Expsize	4.6324550	1.3967830	− 0.8632717	7.5945230

注：机构成立年限、机构规模、人均贷款费用都是取对数之后的结果，下同。

6.2.2 建立模型

根据上述微型金融机构的可持续发展指数的指标体系，采用层次分析法（AHP）的 1-9 尺度法设计可持续发展指数的目标层和决策要素。利用 Yaahp 软件建立指标变量与决策层目标之间的关系，具体构建了如图 6-1 所示的可持续发展指数层次结构模型。

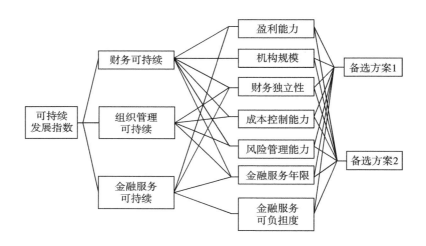

图 6-1 可持续发展指数层次结构模型

其中，盈利能力和财务独立性具有交叉影响作用，不仅对财务可持续有直接影响，也会对机构提供金融服务的可持续性产生间接的影响，并且金融服务年限、风险管理能力和成本控制能力交叉影响机构的财务可持续发展；所选的其他指标只具有单项指向性，不存在交叉影响的现象。通过调整判断矩阵的一致性，最终得到相应的元素权重值（见表 6-4）。

从计算结果可以看出，微型金融机构可持续发展的影响因素财务可持续、组织管理可持续以及金融服务可持续权重分别为 67.38%、10.07% 和 22.55%。在第二层准则层，依然保持代表财务独立性的经营自给率（OSS）指标的最大权

表6-4 层次分析法（AHP）结果

要素		权重
第1准则层	组合一致性比例：0.0906	
财务可持续		0.6738
组织管理可持续		0.2255
金融服务可持续		0.1007
第2准则层	组合一致性比例：0.0000	
财务独立性	OSS	0.3547
金融服务年限	Age	0.3440
盈利能力	Ryield/ROA	0.1104
风险控制能力	LLR/PAP	0.0965
成本控制能力	TEA	0.0607
机构规模	Size	0.0236
金融服务可负担度	Expsize	0.0101

重地位，与其他单向直接影响机构财务可持续性的盈利能力、机构资产规模要素的权重一共达到48.87%，金融服务年限、风险控制能力和成本控制能力要素对财务可持续的交叉影响也有18.51%。

根据上述得到的层次权重系数，对于目标变量可持续发展指数而言，机构成立年限（Age）、经营自给率（OSS）、贷款损失准备金率（LLR）、资产收益率（ROA）、实际收益率（Ryield）和资产规模（Size）是正向指标，权重系数前面取正号；逾期30天未偿还贷款率（PAR）、总费用率（TEA）和人均贷款费用（Expsize）是逆向指标，权重系数前面取负号。综合考虑微型金融机构各个层面的可持续发展能力，通过改变机构盈利能力和风险控制能力衡量指标，依次构建两个可持续发展指数模型，得到2016年可持续发展指数中排名前20位的微型金融机构的两组数据，如表6-5、表6-6所示。

$$Index = 0.3440Age + 0.3547OSS + 0.0965LLR + 0.1104Ryield + 0.0236Size -$$
$$0.0607TEA - 0.0101Expsize \qquad （模型 I）$$

$$Index = 0.3440Age + 0.3547OSS - 0.0965PAR + 0.1104ROA + 0.0236Size -$$
$$0.0607TEA - 0.0101Expsize \qquad （模型 II）$$

表6-5　可持续发展指数（模型Ⅰ）2016年排名前20的微型金融机构

机构名称	Index2014	Index2015	Index2016	国家
NWTF	4.0156470	4.4373645	5.0884292	菲律宾
BUROBangladesh	2.4000308	2.3550569	2.4846558	孟加拉
ASA	2.3923887	2.4051664	2.3645069	
BRAC	2.1985181	2.2255007	2.2733972	
TMSS	2.1916821	2.1397572	2.2030297	
UDDIPAN	2.0056242	2.0204276	2.0843579	
SSS	2.0157899	2.0251401	2.0277806	
CARD BANK	1.9065808	1.9687058	2.0011492	
Sajida	1.9249591	1.9321109	2.0002744	
Bank Eakhata	1.7139231	1.9188868	1.9948425	塔吉克斯坦
Nirdhan	1.9479676	1.9678678	1.9883798	尼泊尔
NWCSC	1.8436999	1.8692554	1.9850051	
ACSI Iraq	1.8902220	2.0230784	1.9723719	伊拉克
SKS Foundation，Bangladesh	2.0920533	1.9263686	1.9534860	孟加拉
CEP	1.9045928	1.9227600	1.9496299	越南
GM Bank	1.8817228	1.8853338	1.9425722	菲律宾
BDS	1.9207903	1.9217559	1.9409953	孟加拉
MTBank	1.8864066	1.8839513	1.9328053	白俄罗斯
TYM	1.9263566	1.9164406	1.9276301	越南

表6-6　可持续发展指数（模型Ⅱ）2016年排名前20的微型金融机构

机构名称	Index2014	Index2015	Index2016	国家
TYM	1.9072896	1.8957275	6.0476595	越南
NWTF	3.9790424	4.4021537	5.0575654	菲律宾
BURO Bangladesh	2.3704265	2.3297069	2.4646844	孟加拉
ASA	2.3664038	2.3898845	2.3469368	
BRAC	2.1731138	2.2025789	2.2523252	
TMSS	2.1722338	2.1173715	2.1817217	
UDDIPAN	1.9813845	1.9949631	2.0599749	
SSS	1.9870943	2.0014166	2.0053731	

续表

机构名称	Index2014	Index2015	Index2016	国家
ACSIIraq	1.9211622	2.0547807	1.9991984	伊拉克
Nirdhan	1.9300498	1.9515934	1.9723521	尼泊尔
NWCSC	1.8281595	1.8538931	1.9716436	
Sajida	1.9002508	1.9093519	1.9641007	孟加拉
CARD BANK	1.8590140	1.9219572	1.9555909	菲律宾
Bank Eakhata	1.6908277	1.8702688	1.9440279	塔吉克斯坦
CEP	1.8906931	1.9089482	1.9354135	越南
SKS Foundation，Bangladesh	2.0765736	1.9007047	1.9287180	孟加拉
BDS	1.8986427	1.8948907	1.9132864	孟加拉
GM Bank	1.8514776	1.8554189	1.9094161	菲律宾
DAMEN	1.8922813	1.9993171	1.8926618	巴基斯坦

6.3 微型金融机构可持续发展的指数评价

表6-5、表6-6显示，除了越南的 TYM 这一家微型金融机构的排名有较大波动外，其他所有微型金融机构的相对排名位置均改变不大，究其原因，主要是 TYM 的 ROA 指标在2016年剧增所致，从2015年的3.75%直接跃升到了2016年的3753.02%。另外，孟加拉国的微型金融机构可持续发展指数普遍较高，整体发展水平和能力位列前茅，值得其他国家和地区的微型金融机构学习其成功发展经验和经营模式。对照模型Ⅰ和模型Ⅱ数据可有以下结论：微型金融机构可持续发展指数的逐年上升表明，随着机构成立年限的增加、技术、制度和管理等各方面的成熟，积累了较为先进的经验，在一定程度上提高了微型金融机构的可持续发展水平。

6.4 微型金融机构可持续发展的国际比较

6.4.1 国外主要微型金融机构模式比较

在世界各国微型金融业务的发展过程中，各自根据本国的具体情况，采取了不同的方式。根据微型金融机构发放的不同，可以将其划分为：①非政府组织（NGO）方式；②正规金融机构方式；③社区合作银行方式；④乡村银行方式；⑤批发基金方式。非政府组织是非营利性的自愿公民组织；正规金融机构主要是商业银行和金融公司；社区合作银行是完全由社员管理、自助式、不以盈利为目的的合作组织；乡村银行是一种依靠自助小组，为成员提供小额贷款、储蓄和互助担保的组织形式；批发基金专营小额信贷的模式，是一种非营利机构，基金由国内外赠款和国际金融组织贷款组成，仅对微型金融机构提供资金融通。

由于所处地理环境、经济发展水平、市场化程度和政治制度等方面的差异，世界各国的微型金融机构模式也是多种多样。在众多微型金融机构类型中，尤以非政府组织的孟加拉模式和正规金融机构的印度尼西亚模式最为典型，以下从运行机制、主要特征和可持续发展方面的内容对两种模式进行比较。

6.4.1.1 非政府组织模式——孟加拉模式

孟加拉是近代小额信贷的发源地，其小额信贷的基本框架属于典型模式。孟加拉小额信贷机构的成功典范是格莱珉银行，属于非政府组织，其运行模式和可持续发展策略对发展中国家有着广泛的影响。

（1）运行模式

从本质上来说，孟加拉乡村银行的运行模式是互助小组制度。这一制度是由某一特定数量的贫困人口形成互助小组，小组成员内部在相互帮助的同时进行互相监督，形成一个密不可分的利益共同体。互助小组一般由 5 人以自愿为原则组成，他们经济状况相近，但是每位成员在加入小组前，孟加拉乡村银行都要对其进行考察，考察指标包含经济情况、信用情况和主要从事的经济活动等。考察通过后要经过的金融培训，主要是借款培训，培训结束后再进行第二轮考察，考察通过即可加入互助小组。

另外，在发放贷款时，不需要任何抵押担保，先由两名成员提出贷款申请，该笔贷款收回部分规定的贷款后，其他两位小组成员才能按顺序依次申请贷款。其中小组组长要监督各成员的还款工作，并最后取得贷款。贷款分期偿还，以一年为限，一年内按规定偿还所有贷款后，才可取得下一笔借款，孟加拉乡村银行对没有违约记录的小组成员连续提供贷款，直至成员摆脱贫困。此外，通过会员小组建立会员中心，会员中心提供金融知识，放款和还贷也是在会员中心集中进行，以实现各成员间的相互监督。

（2）典型特征

虽然孟加拉乡村银行的客户门槛较低，但是其利率通常较高，根据贷款用途不同利率分为四类：以生产为目的的贷款、住房贷款、教育贷款、困难成员贷款，利率分别为 20%、5%、5%、0。虽然生产性贷款利率较高，但实践证明，贫困农民愿意且有能力承担较高的利率以满足生产经营需要，因为除此以外他们没有其他的资金来源以满足必须的资金需求。与高贷款利率对应的是较高的存款利率，高存款利率吸引大量资金流入该机构，进一步增加了自身的贷款能力，从而实现了可持续发展，这是孟加拉银行获得成功的关键原因。

强制储蓄是孟加拉模式的又一典型特征。虽然强制储蓄在传统金融机构是禁止的，但针对农村贫困人口实施该方法，在很大程度上保证了孟加拉乡村银行的持续健康发展。强制储蓄要求借款人在获得贷款的同时必须将部分借款存于会员中心形成小组基金，该部分借款也会得到高存款利息的补偿。强制存款集中于会员中心，当小组成员有资金需要时，小组内可以将基金出借。强制储蓄的作用其实相当于抵押，在降低小组成员获得贷款的门槛的同时，又保证了贷款可以及时得到偿还，降低贷款风险。

（3）可持续性分析

为解决信息不对称和抵押品缺失问题，孟加拉乡村银行实行嵌入社会压力和连带责任的团体贷款模式，使得在传统金融长期忽略和排斥的农村低端信贷市场获得了98%以上的贷款回收率，保证了机构的可持续发展。

第一，连带小组及组内次序贷款制度保证了贷款的偿还，若组内成员拖欠或离开小组，组内其他成员则须代其偿还。第二，强制储蓄与周会制度使贷款资金的发放和偿还更加透明、有序。第三，频繁还款制度和动态递增贷款机制，可以减轻借款人还款压力，激励借款人遵守还款制度，从而实现机构的可持续运营。

6.4.1.2 正规金融机构模式——印度尼西亚模式

印度尼西亚采用正规金融机构作为微型金融的运作主体。印度尼西亚人民银行（BRI）是印度尼西亚五大国有商业银行之一，主要职责是提供农村金融服务。该银行在国内有320个分支行，3600个被称为农村信贷部（Unit Desa）的零售机构，其微型金融业务在满足多元化顾客需求的同时，进一步简化了贷款流程，实现了可持续发展目标。

（1）运行模式

印度尼西亚人民银行由四个部门组成，分别是小额信贷部、地区分行、乡村信贷网点、农村银行。

小额信贷部是印度尼西亚人民银行的政策制定机构，负责对乡村信贷系统的直接监管；地区分行主要负责贷款经营，此外还负责对乡村信贷网点的内部审计、监督和指导，并有制定底层农村银行贷款限额的权力；农村银行是BIR系统的最底层组成部分，是BIR整个小额信贷系统的核心，它拥有单独核算财务成本的功能。为解决信息不对称、交易成本等问题，农村银行负责贷款的人员多为当地人，熟悉当地自然环境和人文环境，同时，在审查贷款人资格后还要保持每周至少一次的客户回访，随时掌握贷款人的资金使用情况和其他资金来源状况，这在一定程度上降低了贷款人的道德风险，缓解了信息不对称程度，降低了交易成本。

（2）典型特征

BRI 的乡村贷款同孟加拉国的乡村银行模式一样，也是分期偿还借款，但其还款期限灵活，可以满足不同时长的资金需求，通常是 3～18 个月，按资金使用用途划分，营运资金贷款、投资贷款还款期限分别是 24 个月、36 个月。还款方式也具有多样性，除了基本的按月等额还款方式，还包括长期的一年还款或短期的到期还款等，此外还可申请延期还款，最长可延期 9 个月。与孟加拉国乡村银行相似的是，为了保证还款率，在借款时银行以还款保证金的形式扣除借款人10% 的借款。此外为鼓励借款者及时还款，还对按时还款者采取了 0.5% 的退息优惠政策。

印度尼西亚人民银行通过对小额信贷模式的内部创新，解决了小额信贷实施过程中面临的问题。服务对象经济水平低、信息不对称、交易费用高等都是传统金融机构不愿意也难以进入农村金融市场、难以保持可持续发展的原因，印度尼西亚人民银行最终实现了乡村信贷部从 80% 的亏损转变为 95% 以上的盈利，其商业化改革取得了巨大的成功，印度尼西亚乡村信贷部的小额信贷业务仅占全行贷款总额的 15%，利润却占该银行利润总额的 90% 以上，即使在 1997 年亚洲金融危机印度尼西亚人民银行整体亏损时期，乡村信贷部仍然保持盈利，成为了制度主义微型金融可持续发展的典型代表。

（3）可持续性分析

为解决信息不对称和客户道德风险造成的信贷不良贷款，印度尼西亚商业化改革的信贷机制设计始终强调贷款的安全回收和资金的可持续循环。首先，还款激励机制对及时还款者给予正向奖励，对拖欠者进行必要的惩戒；其次，客户可以根据需求和抵押能力的不同，选择合适的抵押品，且抵押品范围广泛，极具灵活性；最后，设置灵活的还款期限使得客户可以根据自身收入的周期性规律或家庭财务状况灵活选择还款频率。相比于孟加拉模式，印度尼西亚模式更为灵活，既保证了扶贫目标的实现又促进了机构的可持续发展。

6.4.2 国际微型金融机构可持续发展状况

本部分选取包括东盟、独联体、南亚、西亚、中东欧和中亚 6 个地区 22 个国家的 100 家微型金融机构作为研究样本，其中 22 个国家包括菲律宾、缅甸、柬埔寨、土耳其、越南、印度尼西亚、伊拉克、阿塞拜疆、白俄罗斯、格鲁吉亚、亚美尼亚、阿富汗、巴基斯坦、孟加拉、尼泊尔、斯里兰卡、马其顿、塞尔维亚、哈萨克斯坦、吉尔吉斯斯坦、巴勒斯坦、埃及。数据来源于国际微型金融信息交流中心（Microfinance Information Exchange，MIX），为了确保数据的真实性和准确性，本部分所有数据均来自筛选的机构 2014 ~ 2016 年审计报告中的原始数据。

6.4.2.1 资产规模

相对于传统金融机构，微型金融机构的规模较小，而规模的大小一般会影响机构的经营效益。根据所得样本数据，本部分采用资产规模（SC）来衡量微型金融机构的规模。从图 6 - 2 中可以看出，实现了经营可持续（OSS）机构的资产规模均值比未实现经营可持续（NON - OSS）机构的资产规模均值大。原因在于规模大的机构资产实力较雄厚，容易获得更多的资金来源，有助于提升客户的信任度。

6.4.2.2 覆盖深度

本部分采用平均贷款规模（ALB）来衡量机构贷款的覆盖深度。从图 6 - 3 中可以看出，2014 年经营可持续（OSS）的小额信贷机构的平均贷款规模比不可持续（NON - OSS）的机构的平均贷款规模小，即覆盖深度比较低，说明经营可持续的小额信贷机构的覆盖深度更深。但 2015 年和 2016 年的数据显示，经营可

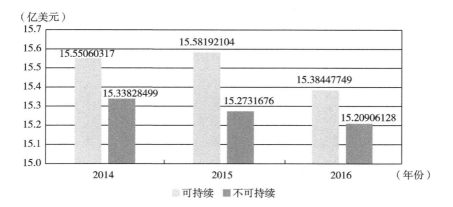

图6-2 2014~2016年经营可持续和经营不可持续的微型金融机构的资产规模的均值对比

持续（OSS）的小额信贷机构的平均贷款规模大于其经营不可持续（NON-OSS）的小额信贷机构，即经营不可持续的小额信贷机构的覆盖深度更深。

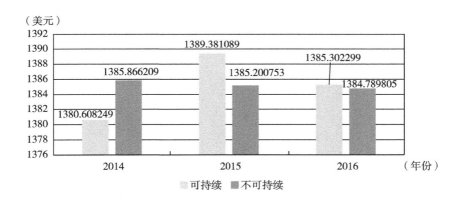

图6-3 2014~2016年经营可持续和经营不可持续的微型金融机构的覆盖深度均值对比

6.4.2.3 盈利能力

本部分使用资产收益率（ROA）来衡量机构的盈利能力。由图6-4可以看出，2014~2015年，经营可持续（OSS）小额信贷机构的资产收益率高于未实现经营可持续（NON-OSS）的机构，但2016年，经营可持续小额信贷机构的实际收益率低于未实现经营可持续的机构。

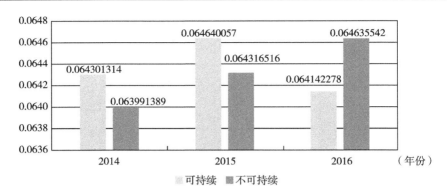

图 6 - 4　2014～2016 年经营可持续和经营不可持续的微型金融机构的资产收益率均值对比

6.4.2.4　成本控制

本部分采用总费用率（TEA）来衡量小额信贷机构的经营成本的控制水平，图 6 - 5 显示，2014 年和 2015 年，经营可持续（OSS）机构的总费用率低于不可持续（NON - OSS）机构水平。但 2016 年，经营可持续机构的总费用率上升，高于不可持续机构水平。

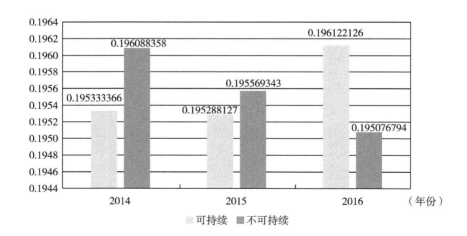

图 6 - 5　2014～2016 年经营可持续和经营不可持续的微型金融机构的总费用率对比

6.4.2.5　风险管理

本部分采用逾期 30 天未偿还贷款率（PAR）来衡量小额信贷机构的风险管理和控制水平。图 6 - 6 显示，2014～2015 年，经营可持续（OSS）机构的 PAR 低于未实现可持续经营（NON - OSS）机构的 PAR。未实现可持续经营机构的 PAR 2014～2016 年显示逐年递减的趋势，2016 年，经营不可持续机构的 PAR 反而低于可持续经营机构的 PAR。

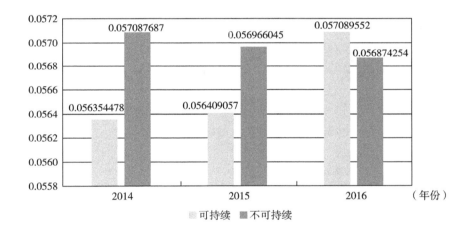

图 6 - 6　2014～2016 年经营可持续和经营不可持续的微型金融机构的风险率均值对比

6.5　微型金融机构可持续发展的评估：基于小额贷款公司数据

6.5.1　小额贷款公司可持续发展实证评估

经过几十年发展，微型金融机构的种类和数量得到极大的增长，尤其是 2008 年 5 月，银监会发文将"只贷不存"的商业性小额贷款公司试点工作推广到全国，并给予各地省级地方政府相对宽松的政策空间，小额贷款公司得到了迅猛增长。本部分基于全国小额贷款公司的调查数据，对小额贷款公司这类机构的可持续发展水平进行综合评价。

6.5.2 小额贷款公司发展状况

（1）机构数量

截至 2018 年 12 月底，我国小额贷款公司数量为 8133 家，各省份数量分布不均匀。小额贷款公司数量最多的是江苏省，共 574 家，其次是辽宁省 499 家、吉林省 488 家、广东省 460 家、安徽省 436 家。数量排名后五名中，最少的是西藏自治区 19 家，其次海南省 57 家、青海省 78 家、天津市 95 家、北京市 104 家，如图 6-7 所示。由此可见我国经济发达且人口密集地区的小额贷款公司较多，但北京作为首都与一线城市，小额贷款公司数量相对较少。

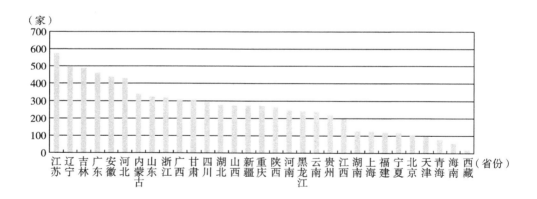

图 6-7　2018 年全国小额贷款公司机构数量排名

资料来源：中国人民银行（下同）。

我国的小额贷款公司在试点初期呈现迅猛发展的势头，机构总量从 2010 年的 2614 家增长至 2015 年的 8965 家。2015 年全国小额贷款公司的机构数量增长出现了拐点，2016～2018 年小额贷款公司较上一年分别减少了 292 家、122 家和 418 家。2016 年小额贷款公司首次出现了负增长的情况（－3.26%），2017 年稍有缓解（－1.41%），2018 年程度加深（－4.89%）呈现出波动调整的趋势，如图 6－8 所示。总的来说，我国小额贷款公司机构数量保持增长，但是增长的数量和速度均呈下降的趋势。

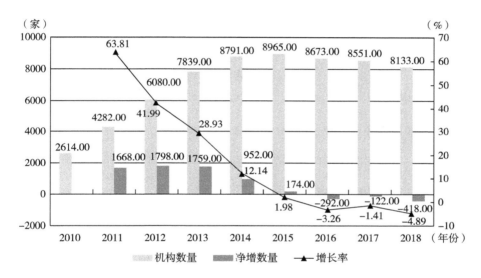

图 6－8 2010～2018 年全国小额贷款公司数量增长情况与增速情况

（2）实收资本

截至 2018 年 12 月底，我国小额贷款公司实收资本总额为 8363.20 亿元，实收资本总额排名前 5 名中，最多的是重庆市 1024.24 亿元，其次是江苏省 704.38 亿元、广东省 695.03 亿元、浙江省 560.65 亿元、四川省 488.87 亿元。实收资本总额排名后 5 名中，最低的是西藏自治区 20.01 亿元，其次是青海省 48.58 亿元、宁夏回族自治区 53.30 亿元、海南省 62.78 亿元、贵州省 70.47 亿元，如图 6－9 所示。由此可见我国南方地区经济发达、人口密集的地区小额贷款公司的实收资本较多，西部地区经济欠发达、人口稀少的地区实收资本较少。北京小额贷款公司实收资本 143.24 亿元，总量在全国排名第 21 位。

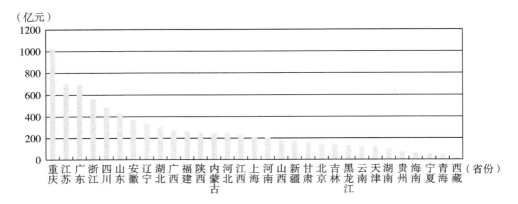

图6-9　2018年全国小额贷款公司实收资本排名

我国的小额贷款公司的实收资本总额从试点以来迅速扩大，2010～2014年呈现倍速增长，并于2014年实收资本达到了8283.06亿元。随后至2015年实收资本增长趋缓，2016年出现了负增长（-2.67%），随后缓慢回升。总体来看，我国小额贷款公司的实收资本总额的增长速度从快速成倍增长，变为增速放缓，逐渐趋于平缓。如图6-10所示。

图6-10　2010～2018年全国小额贷款公司实收资本增长情况与增速情况

（3）贷款余额

截至 2018 年 12 月底，我国小额贷款公司的贷款余额为 9550.44 亿元。前 5 名中，贷款余额最多的是重庆市 1582.78 亿元，其次是江苏省 804.46 亿元、广东省 773.41 亿元、浙江省 649.02 亿元、四川省 557.17 亿元，这与全国实收资本的排名一样，后 5 名排名也是如此。由此可见我国南方省份贷款余额较多数值大部分在 200 亿元以上。欠发达地区、中西部地区的贷款余额较少，大部分在 200 亿元以下，如图 6 - 11 所示。北京地区小额信贷公司贷款余额为 152.42 亿元，在全国排名第 20 位。

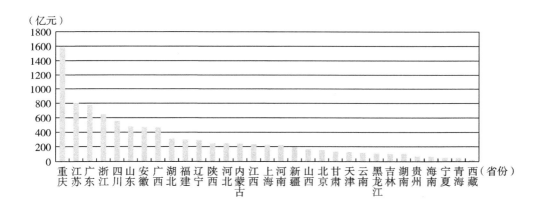

图 6 - 11　2018 年全国小额贷款公司贷款余额排名

试点以来，我国小额贷款公司贷款余额从 2010 年的 1975.05 亿元增至 2015 年的 9507.95 亿元，贷款余额总量呈现上升的趋势。但从 2015 年开始贷款余额增量呈现波动的趋势。从小额贷款公司新增的累计贷款也可以看出 2010～2013 年呈现上升趋势，2013～2016 年呈现下降趋势，在 2015 年出现了负增长（-20 亿元），随后负增长速度加剧至 2016 年的 131 亿元。2016～2018 年新增贷款累计值剧烈波动，2018 年新增贷款的累计值为 -190 亿元，如图 6 - 12 所示。我国小额贷款公司的贷款余额变化与机构数量、实收资本规模基本一致。

图6-12 2010～2018年全国小额贷款公司贷款余额增长情况与新增贷款增长情况

6.5.2.1 小额贷款公司可持续发展评估

本部分在设计小额贷款公司可持续发展评价指标体系的基础上，依据小额贷款公司调研数据，运用因子分析法测度了全国118家小额贷款公司2014～2016年的可持续发展水平。

（1）小额贷款公司可持续发展绩效评价指标

因子分析法是指从研究指标相关矩阵内部的依赖关系出发，把一些信息重叠、具有错综复杂关系的变量归结为少数几个不相关的综合因子的一种多元统计分析方法。基本思想是：根据相关性大小把变量分组，使同组内的变量之间相关性较高，但不同组的变量不相关或相关性较低，每组变量代表一个基本结构，即公共因子。本部分运用因子分析法分析小额贷款公司的绩效，评价全国小额贷款公司的可持续发展水平，样本包括我国118家小额贷款公司2014～2016年的财务数据。小额贷款公司可持续发展评价指标体系如表6-7所示。

表 6 - 7 小额贷款公司可持续发展绩效评价指标

一级指标	二级指标	三级指标
可持续发展评价水平	盈利能力	总资产收益率
		销售净利率
		主营业务利润率
	营运能力	总资产周转率
		应收账款周转率
	成长能力	净资产增长率
		营业收入增长率
		利润增长率
	偿债能力	流动比率
		资产负债率

（2）提取公共因子

因子分析法中关键一步就是提取公共因子，本书采取主成分分析法来确定公共因子。用主成分分析法来确定公共因子这一方法是，在已有变量标准化后，将变量假设为公共因子的线性组合，尽可能地使已有变量的方差可以为公共因子所解释，并且使已有变量方差变异的百分比依次递减。结合碎石图和特征值，使所提取的因子解释样本大部分的信息。为了确定提取公共因子的数目，采用SPSS20.0 主成分分析法，所形成的碎石图如图 6 - 13 所示。碎石图的横轴表示成分的特征值序号，纵轴表示成分的特征值，折线在第五个点出现明显拐点，因此初步判断解释大部分的信息需要保留五个因子。

根据主成分分析法提取公共因子的原则，所提取的公共因子需满足特征值大于 1，从表 6 - 8 可以看出，前四个因子的特征值均大于 1，而第五个因子的特征值小于 1，所以我们只提取前四个因子为公共因子。并且，这四个主因子旋转后的方差贡献率分别为 24.458%、21.804%、15.781%、12.619%，四个主因子的累计方差贡献率达到 74.662%，表明这四个因子能够解释研究数据的大部分的信息。因此，选用这四个公共因子来代替原来的 10 个指标分析小额贷款公司绩效。

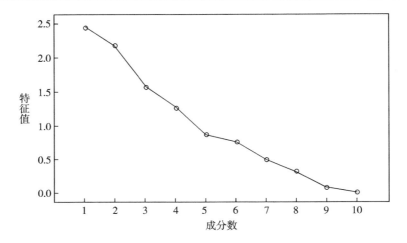

图 6 - 13　碎石图

表 6 - 8　解释的总方差

成分	初始特征值			提取平方和载入			旋转平方和载入		
	合计	方差贡献率（%）	累计方差贡献率（%）	合计	方差贡献率（%）	累计方差贡献率（%）	合计	方差贡献率（%）	累计方差贡献率（%）
1	2.446	24.458	24.458	2.446	24.458	24.458	2.258	22.583	22.583
2	2.180	21.804	46.262	2.180	21.804	46.262	2.108	21.075	43.658
3	1.578	15.781	62.043	1.578	15.781	62.043	1.650	16.499	60.157
4	1.262	12.619	74.662	1.262	12.619	74.662	1.450	14.505	74.662
5	0.868	8.679	83.341						
6	0.764	7.642	90.982						
7	0.492	4.922	95.904						
8	0.320	3.202	99.106						
9	0.076	0.760	99.866						
10	0.013	0.134	100.000						

（3）公共因子的命名

因子命名需要根据因子载荷矩阵，在采用方差最大法进行正交旋转后的公共因子会在某些变量上有较大的载荷，说明这些变量之间相关性较强，同时也说明这个公共因子能够解释这些变量的信息，所以能够把这些变量归为同一类型并通过此对公共因子进行命名。由 SPSS 输出的正交旋转矩阵结果如表 6 – 9 所示。

表 6 – 9　旋转成分矩阵 a

指标	成分			
	F1	F2	F3	F4
总资产收益率（N1）	0. 556	0. 443	0. 115	0. 351
销售净利率（N2）	0. 960	− 0. 122	0. 070	− 0. 066
总资产周转率（N3）	− 0. 070	0. 952	0. 102	− 0. 070
应收账款周转率（N4）	− 0. 112	0. 889	0. 012	− 0. 172
净资产增长率（N5）	0. 133	0. 229	− 0. 093	0. 716
营业收入增长率（N6）	0. 044	0. 022	− 0. 916	− 0. 041
利润增长率（N7）	0. 225	0. 153	0. 850	0. 057
流动比率（N8）	− 0. 138	− 0. 208	0. 017	0. 584
资产负债率（N9）	− 0. 012	0. 251	− 0. 214	− 0. 655
主营业务利润率（N10）	0. 960	− 0. 129	0. 062	− 0. 040

通过表 6 – 9 可以看出，主因子 F1 在销售净利率、主营业务利润率、总资产收益率上的载荷较大；主因子 F2 在总资产周转率、应收账款周转率上的载荷较大；主因子 F3 在利润增长率、净资产增长率和营业收入增长率上的载荷较大；主因子 F4 在流动比率和资产负债率上的载荷比较大。因此，将 F1 命名为盈利能力因子，将 F2 命名为营运能力因子、将 F3 命名为成长能力因子，将 F4 命名为偿债能力因子。

（4）计算各因子得分

将公共因子表示成原始变量的线性组合，从而计算各因子得分：

$$F1 = a1x1 + a2x2 + \cdots + am1xm$$

$$F2 = a12x1 + a22x2 + \cdots + am2xm$$

$$\cdots$$

Fp = a1px1 + a2px2 + ⋯ + ampxm

最后，计算因子分析综合得分。

利用公式 F = (W1F1 + W2F2 + ⋯ + WiFp)/(W1 + W2 + Wi)

计算综合得分，从而进行绩效评价。

每个因子经过标准化处理后的得分如表 6 – 10 所示。根据表 6 – 10 成分得分系数矩阵，我们可以建立 F1、F2、F3 和 F4 的计算公式。

表 6 – 10　成分得分系数矩阵

指标	成分			
	F1	F2	F3	F4
总资产收益率（N1）	0.241	0.240	– 0.032	0.248
销售净利率（N2）	0.433	– 0.049	– 0.026	– 0.093
总资产周转率（N3）	– 0.020	0.450	0.018	0.003
应收账款周转率（N4）	– 0.029	0.418	– 0.024	– 0.064
净资产增长率（N5）	0.049	0.164	– 0.145	0.526
营业收入增长率（N6）	0.102	0.066	– 0.588	0.047
利润增长率（N7）	0.030	0.029	0.510	– 0.029
流动比率（N8）	– 0.088	– 0.069	– 0.013	0.405
资产负债率（N9）	0.040	0.094	– 0.097	– 0.432
主营业务利润率（N10）	0.433	– 0.050	– 0.033	– 0.074

F1 = 0.241N1 + 0.433N2 + ⋯ + 0.040N9 + 0.433N10

F2 = 0.240N1 – 0.049N2 + ⋯ + 0.094N9 – 0.050N10

F3 = – 0.032N1 – 0.026N2 + ⋯ – 0.097N9 – 0.033N10

F4 = 0.248N1 – 0.093N2 + ⋯ – 0.432N9 – 0.074N10

根据 F1、F2、F3、F4 四个公共因子的方差贡献率、累计方差贡献率和上述计算出的因子得分公式，得到综合得分模型如下：

F = (24.458% F1 + 21.804% F2 + 15.781% F3 + 12.619% F4) ÷ 74.662%

(6 – 1)

6.5.2.2 小额贷款公司可持续发展水平的评价与比较

根据上述得分模型计算出各小额贷款公司的各个因子得分以及综合得分，并按照综合得分对所选择的 118 家公司进行排名，具体信息如表 6 - 11 所示。所选取的我国 118 家小额贷款公司中，综合得分最高的 15 家小额贷款公司的综合得分分别为 37.25169、10.5854、8.212726、7.386085、7.353695、6.34667、5.970366、5.684151、5.455491、5.40785、4.78413、4.603612、4.574504、4.503538、4.389422。

表 6 - 11　可持续发展绩效综合得分排名前 15 的小额贷款公司

公司名称	所在省份	F1	F2	F3	F4	F	排名
DL 小额贷款有限责任公司	内蒙古	-168.68	-127.60	-30.52	805.99	37.25	1
XY 小额贷款股份有限公司	海南	2.96	12.35	-12.29	50.92	10.59	2
MX 小额贷款有限责任公司	四川	3.33	10.77	-9.78	35.75	8.21	3
SZQLX 小额贷款股份有限公司	四川	-34.20	-26.61	-5.33	162.63	7.39	4
GH 小额贷款有限公司	黑龙江	-36.29	-28.21	-5.68	169.69	7.35	5
BX 小额贷款有限公司	海南	0.76	6.12	-6.92	34.17	6.35	6
SA 小额贷款股份有限公司	青海	-30.82	-24.08	-4.87	142.76	5.97	7
XQX 小额贷款有限公司	广东	2.23	7.02	-6.50	25.31	5.68	8
CJ 小额贷款有限公司	湖南	-25.44	-19.65	-4.55	121.23	5.46	9
KN 小额贷款有限公司	广东	2.74	6.96	-5.62	21.71	5.41	10
HH 小额贷款有限公司	山东	-23.59	-18.30	-3.81	110.42	4.78	11
ZJ 小额贷款股份有限公司	上海	1.95	5.49	-4.75	19.93	4.61	12
BX 小额贷款股份有限公司	北京	-0.19	3.89	-5.41	27.49	4.57	13
YY 小额贷款有限责任公司	黑龙江	-20.22	-15.35	-3.59	96.84	4.50	14
YS 小额贷款有限责任公司	山西	-16.35	-12.27	-3.69	83.47	4.39	15

从表 6 - 12 可以看出，在所选取的我国的 118 家小额贷款公司中，综合得分最低的 15 家小额贷款公司的综合得分分别为 -26.2563、-8.48906、-5.79586、

－5.7475、－5.5848、－4.59633、－2.30107、－1.8066、－1.10612、－1.08417、－1.00078、－0.62901、－0.51043、－0.49204、－0.32321。

表6－12　可持续发展绩效综合得分排名后15的小额贷款公司

公司名称	所在省份	F1	F2	F3	F4	F	排名
YXPH 小额贷款有限公司	海南	28.91	18.35	－207.97	16.98	－26.26	118
GJ 小额贷款有限责任公司	黑龙江	－9.94	－6.65	－34.51	23.70	－8.49	117
YCNC 小额贷款有限公司	江苏	－2.22	－7.83	6.63	－24.75	－5.80	116
DX 小额贷款有限责任公司	内蒙古	－2.65	－8.11	8.68	－25.71	－5.75	115
TC 小额贷款有限公司	河南	31.93	25.32	4.02	－143.71	－5.58	114
XG 小额贷款公司	浙江	－2.08	－6.56	5.45	－18.66	－4.60	113
BY 小额贷款有限责任公司	内蒙古	－0.86	－3.35	2.69	－9.53	－2.30	112
BJ 财务咨询有限公司	重庆	－0.89	－1.62	0.91	－7.29	－1.80	111
FD 小额贷款有限公司	四川	－1.59	－0.65	－2.23	0.45	－1.11	110
FD 小额贷款有限公司	重庆	－2.48	－2.64	－0.11	3.11	－1.08	109
YLC 小额贷款有限公司	广东	－1.97	－1.92	－0.36	1.67	－1.00	108
CS 小额贷款有限公司	山东	－0.01	－1.22	0.92	－2.76	－0.63	107
HT 小额贷款有限责任公司	重庆	－0.62	－1.51	0.74	－0.13	－0.51	106
AZ 小额贷款有限公司	安徽	－0.53	－1.17	0.48	－0.46	－0.49	105
HF 小额贷款股份有限公司	浙江	0.42	0.40	－2.99	0.32	－0.32	104

表6－13 和表6－14 显示了各因子得分及各小额贷款公司的得分统计，F1 的极小值为 －168.6837，极大值为 31.9297，均值为 －3.962052，标准差为 17.5292077，F1 得分大于 0 的公司为 45 家，占比为 38.14％；F2 的极小值为 －127.6004，极大值为 25.3240，均值为 －2.880229，标准差为 13.5324684，F2 得分大于 0 的公司共 46 家，占比 38.98％；F3 的极小值为 －207.9682，极大值为 8.6771，均值为 －3.448239，标准差为 19.5841238，F3 得分大于 0 的公司共 21 家，占比为 18.42％；F4 的极小值为 －143.7111，极大值为 805.9900，均值为 24.708250，标准差为 81.4160060，F4 得分大于 0 的公司为 107 家，占比为

90.68%；F 的极小值为 − 26.2563，极大值为 37.2517，均值为 1.308194，标准差为 4.9334738，综合得分 F 大于 0 的公司共 94 家，占比为 79.66%。

表 6 – 13   各因子及综合得分描述性统计

	极小值	极大值	均值	标准差
F1	− 168.6837	31.9297	− 3.962052	17.5292077
F2	− 127.6004	25.3240	− 2.880229	13.5324684
F3	− 207.9682	8.6771	− 3.448239	19.5841238
F4	− 143.7111	805.9900	24.708250	81.4160060
F	− 26.2563	37.2517	1.308194	4.9334738

表 6 – 14   得分大于 0 的公司数量统计

指标	得分大于 0 的公司数量（家）	占公司数量比重（%）
F1	45	38.14
F2	46	38.98
F3	21	18.42
F4	107	90.68
F	94	79.66

通过因子分析法建立得分模型，对我国小额贷款公司进行绩效评价，结果如下：

（1）从综合得分排名的地区分布情况看

综合得分最高的 15 家小额贷款公司主要分布在海南省、四川省、黑龙江省和广东省，这四个省都有两家小额贷款公司排名前列；综合得分最低的 15 家公司主要集中在重庆市，有三家综合得分较低的小额贷款公司分布在重庆市。

（2）从各个因子得分及综合得分情况看

综合得分 F 的标准差较小仅为 4.93，且综合得分大于 0 的公司数量占比约为 79.66%，可以看出我国小额贷款公司在经营绩效方面差距不大，整体比较均衡。

从四个能力方面来看，F4（偿债能力）的均值最高，且综合得分大于 0 的公司数量占比达到 90.68%，标准差最大，说明我国小额贷款公司的偿债能力普遍较好，但各个小额贷款公司的偿债能力的差距较大；从 F3（成长能力）来看，得分大于 0 的公司数量占比仅为 18.42%，说明我国小额贷款公司的成长能力普遍较弱，在成长能力方面有待提高；F2（营运能力）的标准差最小，说明我国的小额贷款公司在营运能力方面的差异较小。

7 微型金融机构可持续发展的影响因素分析

7.1 财务可持续发展因素

7.1.1 机构规模

微型金融机构的规模一般包括资产规模、从业人员、营业点等。机构规模越大的机构，往往掌握有与之匹配的财务资源、人力资源、客户资源和信息技术资源等主要资源。从成本的角度来看，微型金融机构规模越大，财务资金来源渠道越多元化，加上强大的客户资源优势，单笔业务的成本往往也就越低。从发展的角度来看，机构的规模越大，开展的业务和服务的客户就越多，相较于规模小的机构更加有经验。同时，现代技术资源的支持提高了微型金融机构的管理能力和运作效率。从外部原因来看，规模大的机构往往具有一批高素质的专业人才，能够提供多层次、个性化的服务，更容易获得客户群体的信任和依赖，实现财务可持续的能力更强。

7.1.2 盈利能力

稳定的盈利水平是微型金融机构获取后续资金来源和发展动力的重要支撑。

微型金融机构的盈利能力直接决定了它在市场中的竞争力和生存能力。微型金融机构的盈利能力与可持续发展能力之间存在较强的相关关系，因此盈利能力比率、效率比率、贷款质量比率作为三组一级指标被纳入 CGAP 的财务分析比率体系。这是因为盈利能力越高的机构，更容易实现财务上的相对独立性，对外界资金的依赖程度越低，通过自身的经营收入来覆盖其成本，有利于其可持续经营发展。

7.1.3 财务独立性

微型金融机构为实现长期可持续发展，特别是财务可持续性，就必须摆脱对政府补贴和组织捐赠的依赖。而且，机构保持运营的财务独立性在一定程度上能够免受捐赠者的目标约束，从而实现机构自身的战略目标和发展方向。

7.2 组织可持续发展因素

7.2.1 费用控制能力

从微型金融机构的运营过程来看，经营效率是维护商业化经营和组织可持续发展的主要因素。所以，其经营效率水平更多体现在运营成本控制水平的高低，是否能够在人力、设施、技术等方面有效降低各类成本，将成本控制在运营所能覆盖的范围之内。微型金融机构的社会绩效目标是改善中低收入人群生活和生产状况，但是收入较低的人群无法按照机构的贷款要求提供保障风险的抵押品，存在较高的风险，而运营过程中由于较大规模的服务群体和业务数额小的特点，机构的交易成本也就会相对放大。因此，微型金融机构的成本控制能力直接影响其盈利能力。

7.2.2　风险管理能力

微型金融机构的风险管理水平是决定机构可持续性的关键因素。服务于低收入群体和小微企业的微型金融机构若没有相对完善的内控机制，往往面临着更高的风险。首先，微型金融机构的主要客户都来自农村，受到自然灾害和极端天气的影响，面临着较高的自然风险；其次，同一地区的农产品在结构上高度趋同，市场供给过多，往往会出现谷贱伤农和价格追涨杀跌的现象，面临着较高的市场风险；最后，农户的收入来源单一，信用贷款缺乏抵押担保品，抗风险能力差，加上信用评估时存在信息不对称问题也提升了微型金融机构的违约风险、逆向选择和道德风险。因此，合理的风险控制与管理制度是金融机构可持续发展的重要因素。

7.3　机构可持续发展因素

7.3.1　金融服务可负担度

与正规的大型商业银行相比，微型金融机构面对的是低收入和弱势群体。为了保持提供金融服务的长期可持续性，微型金融机构不得不考虑提供服务的成本必须控制在自身可负担的范围内。由于市场信息不对称性和目标客户的特有风险，在贷款规模相对有限的情况下，每开发并服务一位新客户的成本费用相对较高，这在一定程度上会影响微型金融机构提供金融服务的可持续性。所以，有效控制人均贷款费用在合理的范围内，保障微型金融机构提供金融服务的可承担性，才能更好地服务更多的客户人群。

7.3.2 机构成立年限

微型金融机构能够持续稳定的发展是其提供金融服务的前提条件，如果机构破产不存在了，提供金融服务便无从谈起。相比于机构财务可持续性，有时候机构持续运营能力显得更为重要，特别是机构成立初期，多数微型金融机构并没有较强的盈利能力，无法覆盖机构的经营成本。通过政府补助和社会捐助等渠道，可以帮助微型金融机构渡过难关，实现可持续经营。另外，成立年限较长的微型金融机构往往具有较强的组织管理和经营能力，同时也具有较强的盈利能力，在财务可持续和组织管理可持续的前提下，也能更好地提供金融服务。

7.4 宏观环境可持续发展因素

7.4.1 经济环境

微型金融机构的可持续发展直接受到其所在国家的宏观经济政策和经济发展水平的影响。一个国家的宏观经济环境直接影响企业的经营和公民的生活状况，对微型金融机构的运作有着重要影响。一个国家的经济增长对一国微型金融机构的可持续发展往往有正向的促进作用。

7.4.2 信用环境

一国的整体信用环境也在一定程度上影响了微型金融机构的可持续发展，信用状况对微型金融机构的财务绩效往往有正向的影响。一方面，当一国的信用环境发展良好，微型金融机构管理者也会愿意提供更多的信贷业务，提高信贷服务的覆盖广度和深度。另一方面，信用体制的健全，使逆向选择和道德风险问题得以缓解，从而可以满足更多有实际贷款需求的客户，扩大微型金融机构的业务规模，提高了还款率，降低了不良资产比率。因此，信用信息系统越发达的地区，金融市场的发展程度往往越高。微型金融机构面对不同的客户人群，会设计多样化、个性化的产品和服务，积极灵活地应对不同的信贷需求，有助于微型金融机构自身的可持续发展。

7.4.3　农村人口结构

农村地区低收入群体是微型金融机构提供金融服务的主体，通常农村人口比例与微型金融机构可持续发展能力呈正相关关系。在农村人口比例较高的地区，对微型金融服务的依赖度越大，越有利于开展微型金融机构业务；同时，农村人口比例大也有利于形成规模效应，更好地控制经营成本和财务独立，并显著提高微型金融机构的可持续发展能力。

8 微型金融机构可持续发展影响
因素的实证分析

8.1 微型金融机构可持续发展影响因素的
国际比较：基于 MIX 数据库

8.1.1 微型金融机构可持续发展的研究综述

普惠金融最初的基本形态是小额信贷和微型金融，涵盖储蓄、支付、保险、理财和信贷等金融产品和服务（焦瑾璞，2015）。微型金融机构的可持续性指在不需要外部提供特别资助的情况下，机构能够创造足够收益以覆盖其成本从而实现独立生存和发展的能力（Yaron，1992；Morduch，1997）。CGAP（2000）进而将可持续的微型金融机构概括为能通过其金融服务运营而产生的调整后的收入来补偿它所有的成本，包括资本成本、营业成本、对通货膨胀和补贴的调整等。可见，对可持续能力的界定多是从财务角度进行的。

微型金融机构可持续发展所涉及的指标更加满足包容性的内涵。国际上通常采用"自足率"（Self-sufficiency）指标衡量可持续发展能力，包含两个层次：一是经营自足率（OSS），反映在给定的期间内机构用其所有的营业收入补偿其出现在利润表中所有的营业费用的能力；二是"财务自足率"（FSS），反映机构在不接受捐赠的情况下提供可持续服务的能力。Yaron（1992）提出用补贴依赖指数（SDI）作为衡量可持续发展的指标，Morduch（1997）在前人的基础上将操作可持续比例（OSR）和经济可持续比例（ESR）作为可持续能力的衡量指标，CGAP（2002）较为系统地提出了衡量微型金融机构可持续发展能力评价的财务比例与CAMELs体系。

有关微型金融机构可持续发展的实证评估，Morduch（1999）研究发现，即使是作为小额信贷先驱的孟加拉小额信贷模式，也没有实现财务上的完全独立。Alexandra（2006）发现，世界上7000多个NGO小额信贷项目中只有不到1%是财务可持续的。Hulme（2008）发现，孟加拉乡村银行从补贴模式转向市场模式后其财务可持续能力明显改善。据CGAP（2007）统计，向MIX报告信息的700多家微型金融机构中有400多家实现了财务可持续，一些机构甚至创造了比商业银行还要高的回报率。Zamore（2018）使用全球样本调查了收入多元化对微型金融机构财务绩效的影响，结果表明，跨收入流的多元化提高了其可持续性和盈利能力。

对于可持续发展影响因素的研究，Woller（2000）发现，通过不断扩大经营规模，微型金融机构可以提高其财务可持续能力。Armendariz和Morduch（2005）认为，经济水平和监管环境是最重要的环境因素。Peter Crabb（2008）的研究表明，在经济自由度相对较低和政府干预较多的国家里，微型金融机构往往难以实现可持续发展。

Gul等（2017）利用政治经济学理论，研究了现任政府的政治意识形态是否会影响微型金融机构的绩效，发现左翼政府下机构的投资增长率高于右翼或中间派政府的投资增长率。Lopez和Winkler（2018）研究了2008~2013年772家微型金融机构的可持续发展问题，结果表明，农村借款人比例的提高对微型金融机构可持续发展没有直接影响。Lensink等（2018）采用全球77个国家微型金融机构数据的研究发现，提供非金融服务既不会损害也不会提高微型金融机构的可持续性和效率，然而提供社会服务对提高贷款质量和深化覆盖面有关。

8.1.2 模型的选择和变量的选取

基于可持续发展理论构建了面板模型（Cull，Demirgüç – Kunt and Morduch，2007，2011；Gul et al.，2017；Lensink et al.，2018；Lopez，Winkler 2018；Mersland，Strøm，2009；Zamore，2018）：

$$OSS_{i,j,t} = \alpha_1 + \alpha_2 ALB_{i,t} + \alpha_3 TEA_{i,t} + \alpha_4 PAR_{i,t} + \alpha_5 SC_{i,t} + \alpha_6 AGE_{i,t} + \alpha_7 ROA_{i,t} +$$
$$\alpha_8 PRP_{i,t} + \alpha_9 CRD_{i,t} + \alpha_{10} GDP_{i,t} + \beta_j region_j + u_{i,j,t}$$

其中，i 代表微型金融机构，j 代表区域，t 代表年份。基于普惠金融研究框架，本书选取微型金融机构的经营可持续率（OSS）作为被解释变量，选取微型金融机构的人均贷款（ALB）规模衡量其覆盖面和社会责任，选取资产收益率（ROA）衡量微型金融机构的盈利能力，选取逾期 30 天未偿还贷款率（PAR）、贷款损失准备金率（PRO）、总费用率（TEA）作为风险和成本的衡量指标。除了微型金融机构自身的控制变量外，模型还考虑了不同国家的宏观变量和地区变量。变量设置及描述如表 8 - 1 所示。同时，根据文献综述提出以下假设：

假设 1：微型金融机构的平均贷款余额越大，其可持续性越差。

假设 2：微型金融机构的盈利能力越高，其可持续性越强。

假设 3：微型金融机构的成本和风险指标越高，其可持续性越差。

假设 4：微型金融机构的可持续性存在显著的地区差异。

表 8 - 1　变量描述

变量类别	变量名称	计算方法
被解释 变量	经营可持续率 （OSS）	营业收入 营业费用 + 财务成本 + 贷款损失准备金

续表

变量类别	变量名称	计算方法
微观解释变量	人均贷款规模（ALB）	$\dfrac{贷款组合总额}{活跃贷款人人数}$
	总费用率（TEA）	$\dfrac{总费用}{总资产}$
	逾期30天未偿还贷款率（PAR）	$\dfrac{逾期30天以上未偿还的贷款余额 + 重置贷款}{调整后的贷款总余额}$
	贷款损失准备金率（PRO）	$\dfrac{资产损失准备金}{总资产}$
	机构规模（SC）	资产总额的对数
	资产收益率（ROA）	$\dfrac{利润}{总资产}$
宏观解释变量	GDP 增长率（GDP）	$\dfrac{前一年 GDP - 当年 GDP}{前一年 GDP}$
	农村人口结构（PRP）	$\dfrac{农村人口}{总人口}$
	征信信息深度指数（CRD）	—
	地区$_1$（region$_1$）	region$_1$ = 1，东盟；否则 region$_1$ = 0
	地区$_2$（region$_2$）	region$_2$ = 1，独联体国家；否则 region$_2$ = 0
	地区$_3$（region$_3$）	region$_3$ = 1，南亚；否则 region$_3$ = 0
	地区$_4$（region$_4$）	region$_4$ = 1，西亚；否则 region$_4$ = 0
	地区$_5$（region$_5$）	region$_5$ = 1，中东欧；否则 region$_5$ = 0

8.1.3　数据来源及样本机构的选择

选取全球来自东盟、独联体、南亚、西亚、中东欧和中亚 6 个地区 22 个国家的 100 家微型金融机构作为研究样本，包括菲律宾、缅甸、柬埔寨、土耳其、越南、印度尼西亚、伊拉克、阿塞拜疆、白俄罗斯、格鲁吉亚、亚美尼亚、阿富汗、巴基斯坦、孟加拉、尼泊尔、斯里兰卡、马其顿、塞尔维亚、哈萨克斯坦、吉尔吉斯斯坦、巴勒斯坦、埃及。微观指标包括经营可持续（OSS）、平均贷款

规模（ALB）、总费用率（TEA）、逾期 30 天未偿还贷款率（PAR）、机构规模
（SC）、贷款损失准备金率（PRO）、资产收益率（ROA），数据来源于国际微型
金融信息交流中心（Microfinance Information Exchange，MIX），为了确保面板数
据结果的真实性和准确性，本书所有数据均来自筛选机构 2014～2016 年审计报
告中的原始数据。宏观指标国民生产总值增长率（GDP）、征信信息深度指数
（CRD）、农村人口结构（PRP）数据来源于世界银行官方网站。

8.1.4　模型估计结果与分析

运用 STATA 软件对面板数据模型进行固定效应和随机效应分析。固定效应
模型和随机效应模型通过 Hausman 检验后，最终选取固定效应回归结果进行分
析。进一步地，采用广义最小二乘法（FGLS）和修正的标准误法（PCSEs）对
模型进行了异方差、自相关和序列相关检验，结果显示 FGLS 与 PCSEs 的结果差
异较小。由于 FGLS 在解决群体差异方面的优势，最终选择 FGLS 的结果来分析
变量之间的关系。实证结果如表 8 - 2 所示。

表 8 - 2　面板模型回归结果

变量类别	变量名称	FGLS	PCSE
微观解释变量	人均贷款规模（ALB）	- 0.000015 *** （- 3.73）	- 0.0000251 *** （- 2.69）
	总费用率（TEA）	- 0.8512667 *** （- 5.81）	- 1.705759 *** （- 10.91）
	逾期 30 天未偿还贷款率（PAR）	- 0.4142057 *** （- 2.90）	- 0.2467193 （- 1.33）
	贷款损失准备金率（PRO）	0.0723527 （0.35）	0.1637663 （0.65）
	机构规模（SC）	- 0.0063435 （- 1.57）	- 0.0074502 * （- 1.82）
	资产收益率（ROA）	2.393123 *** （9.99）	2.627332 *** （16.89）

续表

变量类别	变量名称	FGLS	PCSE
宏观解释变量	GDP 增长率（GDP）	1.504086 (1.39)	3.896502 * (1.89)
	农村人口结构（PRP）	−1.251477 *** (−6.56)	−2.30025 *** (−12.29)
	征信信息深度指数（CRD）	0.0418761 *** (4.55)	0.0632499 *** (4.37)
	地区$_1$（region$_1$）	0.0430661 (0.67)	0.2068264 *** (3.28)
	地区$_2$（region$_2$）	−0.1249751 (−1.57)	−0.1761502 ** (−2.36)
	地区$_3$（region$_3$）	0.2899329 *** (4.27)	0.4477563 *** (4.89)
	地区$_4$（region$_4$）	−0.5558991 *** (−10.54)	−0.6090472 *** (−5.50)
	地区$_5$（region$_5$）	0.1039592 (0.64)	0.392514 *** (2.27)
Constant variables	C	1.758285 *** (11.03)	2.313394 *** (13.18)

注：***、**、*分别表示在 1%、5%、10%的水平上显著。括号内数字分别为 t 值（固定效应）和 z 值（随机效应）。

（1）微观变量

在微观解释变量中，人均贷款规模（ALB）、总费用率（TEA）、逾期 30 天未偿还贷款率（PAR）和资产收益率（ROA）在 1%的显著水平下对微型金融机构的经营可持续能力（OSS）有显著影响。贷款损失准备金率（PRO）和机构规模（SC）对微型金融机构的经营可持续能力（OSS）无显著影响。进一步地，人均贷款规模（ALB）对经营可持续性（OSS）有显著的负向影响，平均贷款余额越大，微型金融机构的可持续性越低，人均贷款规模（ALB）每增加 1 个单位，经营可持续性（OSS）减少 0.000015 个单位。这个结果证实了第一个假设。因此，即使小额信贷机构扩大其业务基础，仅增加客户数量和贷款总额可能并不能非常有效地实现可持续发展。

盈利能力指标分析。资产收益率（ROA）衡量的是微型金融机构的盈利能力。模型结果显示，在 1% 的显著水平下，资产收益率（ROA）对微型金融机构的可持续发展具有显著的正向影响。资产收益率（ROA）每增加 1 个单位，机构的经营可持续性（OSS）增加 2.393123 个单位。回归结果证实了第二个假设。因此，在成本可承受的情况下，微型金融机构的资产收益率越高，盈利能力越强，越有可能实现可持续发展。

成本控制指标分析。总费用比率（TEA）对微型金融机构的可持续发展呈显著负向影响：总费用比率（TEA）每增加 1 个单位，机构的经营可持续性（OSS）减少 0.8512667 个单位。总费用比率（TEA）用于衡量微型金融机构的成本控制水平，TEA 的系数为负，说明 TEA 越高，微型金融机构的成本控制水平越低，微型金融机构的可持续发展能力越弱。回归结果证实了第三个假设。在机构收益不变的情况下，总费用率越高，即成本水平越高，收入弥补成本的能力越低，发生亏损的可能性越大。如果机构不能获得正常的利润，它就不能维持正常的经营。

风险管理指标分析。逾期 30 天未偿还贷款率（PAR）对微型金融机构的经营可持续性（OSS）有显著的负向影响。使用逾期 30 天未偿还贷款率（PAR）来衡量微型金融机构的风险管理能力。结果显示，PAR 系数为负，说明微型金融机构的风险越高，其可持续发展能力越低。回归结果也证实了第三个假设。

（2）宏观变量

实证结果显示，征信信息深度指数（CRD）和农村人口结构（PRP）在 1% 的显著水平上对微型金融机构的可持续性（OSS）有显著影响。GDP 增长率对微型金融机构可持续发展的影响不显著。

经济环境分析。采用 GDP 增长率来衡量微型金融机构所处国家的经济环境，结果表明 GDP 增长率对微型金融机构的可持续发展没有显著影响。一个国家的经济发展越快，其资本利用效率就越高，资本流动性也就越强，经济增长带动了人们的收入水平，刺激了消费需求，进而促进了微型金融的进一步发展，因此，GDP 增长率对微型金融机构的可持续发展能力的影响表现为正向的。

农村人口结构分析。农村人口结构（PRP）对微型金融机构的经营可持续性（OSS）有显著的负向影响。农村人口比例每增加 1 个百分点，微型金融机构的 OSS 就减少 1.251477。农村人口比例高的地区经济发展水平较低，微型金融机构的可持续发展能力较弱。

信用环境分析。采用征信信息深度指数（CRD）来衡量微型金融机构所处的信用环境，结果显示，征信信息深度指数（CRD）对微型金融机构的可持续发展能力（OSS）有显著的正向影响。因此，一国信用体系越完善，信用环境越好，微型金融机构的可持续发展能力就越强。

地区差异分析。$Region_3$ 和 $Region_4$ 在模型中对微型金融机构的经营可持续性（OSS）具有显著影响，即南亚和西亚的微型金融机构的可持续发展能力（OSS）与中亚地区的微型金融机构存在显著差异。然而，东盟、独联体和中东欧地区微型金融机构的可持续发展能力（OSS）与中亚地区并无显著差异。回归结果也证实了第四个假设。

8.1.5 普惠金融视角下微型金融可持续发展的政策建议

8.1.5.1 实现微型金融机构可持续发展的微观对策

（1）优化资产结构

微型金融机构为实现可持续发展，需要优化其资产结构，借鉴不同成功的微型金融模式的经验，优化资源分配，引导资金合理使用。微型金融机构可以通过细分市场使贷款在资金的使用去向多元化，市场的细化有利于机构根据不同市场特性采取不同贷款方案，实行不同的业务模式，有效降低违约率，同时微型金融机构应该采取业务多元化发展模式，实现结构优化和可持续发展。

（2）丰富微型金融服务品种，提高盈利能力

微型金融机构可以针对不同客户所处地区和个性化需求，设计出灵活的信贷产品。依据农业生产的特点和客户现金流的情况等设计贷款度、贷款期限、还款频率的差异化产品。

（3）扩大金融服务覆盖面

随着信息化技术的发展，为提高微型金融机构的服务水平和质量，当地政府应当协助建立多层次、覆盖广泛、方便快捷的金融服务网络，提升客户的服务体验，高效率满足多样化的客户需求。

8.1.5.2　微型金融机构可持续发展的宏观对策

（1）加强农村基础建设

政府需加强农村地区的各类基础设施建设，如教育服务、金融服务及网络信息服务，为微型金融机构实现可持续发展提供基本保障。

（2）加强信用管理体系建设

为了更好地促进微型金融机构的可持续发展，微型金融机构需要建立专门的征信系统和信息共享平台，不断完善农户的经济档案，记录农户的贷款使用情况、与不同微型金融机构的资金来往情况、借款的还款记录，评价不同客户的信用水平，建立信用管理体系。

8.2　微型金融机构可持续发展的影响因素分析：基于小额贷款公司数据

本部分基于我国小额贷款公司的实地调研数据，运用 2014～2016 年 118 家小额贷款公司的面板数据，从微观和宏观两个层面入手，对小额贷款公司可持续

发展的影响因素进行实证分析。

8.2.1 小额贷款公司可持续发展的影响因素

8.2.1.1 微观影响因素

（1）机构规模

小额贷款公司的机构规模一般包括资产规模、经营规模、从业人数等。机构规模越大的小额贷款公司掌握了与之匹配的财务资源、人脉资源、客户资源、技术资源等主要资源。从成本角度来看，小额贷款公司机构规模越大，资金来源渠道越多元化，加上强大的客户资源优势，贷款业务的成本往往也就越低。从发展角度来看，机构的规模越大，开展的业务和服务的客户就越多，相较于规模小的机构就更有竞争优势。同时，现代技术资源的支持提高了小额贷款公司的管理能力和运作效率。从外部原因来看，规模大的机构往往具有一批高素质的专业人才，提供一些多层次、个性化的服务，更容易获得客户群体的信任和依赖，实现财务可持续的能力就越强。

（2）资本结构

小额贷款公司的权益资本是自有资金，其债务资本是从外部融资获得的，根据最优资本结构理论，合理运用财务杠杆可以优化公司的资本结构，使其价值最大化。但资本结构对可持续发展与企业价值的影响是不同的，因此，提高资金的综合利用、选择优质客户、严把风险控制环节将有效地提高小额贷款公司的回报率。

（3）财务收益率

小额贷款公司的财务收益是最重要的收入来源，稳定的财务收益是小额贷款公司可持续发展的保障。小额贷款公司财务收益率的高低很大程度上影响了其市场竞争力和生存能力。财务收益率高的小额贷款公司实现财务独立、自由的可能性越强，对外界的资金支持依靠性就越低，可以通过公司自身的经营覆盖其成本。因此，财务收益越高，小额贷款公司的可持续发展能力越强。

（4）资产利用率

小额贷款公司的资本主要用于贷款的投放。小额贷款公司资产的利用效率表示小额贷款公司资金的使用效益，真实有效地反映了小额贷款公司生产经营状况与市场需求。小额贷款公司具有高的资金利用率可以为公司带来更多的经济效益，但公司自身存在不合理的放贷行为则会对小额贷款公司带来负面影响。

（5）经营费用比例

经营费用是影响小额贷款公司长期可持续发展的重要因素。经营费用体现运行成本的大小，包括设施、人力等各类成本。小额贷款公司的经营费用比例很大程度影响财务效率与盈利能力。一般而言，经营费用比例越低，财务效率越高，小额贷款公司的可持续发展能力越强。

（6）贷款组合风险

小额贷款公司的贷款组合风险水平是影响其可持续发展的关键因素。与其他的金融机构相比，小额贷款公司的服务对象是中低收入群体与小微企业，若贷款风险管理水平过低，其面临的风险将会很高。贷款损失准备金占贷款总额的比例可以反映出其贷款组合的风险，风险越高其可持续性越低。

8.2.1.2 宏观影响因素

（1）经济发展水平

小额贷款公司的可持续发展受其经营所在地经济发展水平的影响，地区经济发展水平的提升对小额贷款公司的可持续发展往往有着促进作用。经济发展水平的提高刺激小额贷款行业市场的扩大与贷款需求的增加，促进小额贷款公司业务增加，提高营业收入增加利润；另外，经济发展水平的提高有利于中低收入群体收入的增加和小企业经营状况的改善，借款者还款意愿与还款水平提高，小额贷款公司的贷款风险进一步降低。因此，经济发展水平的提高可促进小额贷款公司的可持续发展。

（2）金融市场发达程度

成熟、发达的金融市场使得金融机构更具竞争力，形成良好的金融生态环境，小额贷款公司作为金融机构的供给者之一，把握自身定位，差异化提供金融服务，强化风险控制能力，提升运营能力，必定能够享受完善的金融市场所带来的红利。

8.2.2　小额贷款公司可持续发展影响因素的实证分析

8.2.2.1　模型的构建和变量的选择

本部分基于前文的实证研究，选取了全国 118 家小额贷款公司 2014～2016 年的面板数据，建立可持续性影响因素的多元回归模型。其中，被解释变量为营业自足率（OSS），解释变量有 8 个，包括 6 个微观经济指标：机构规模（Size）、资本结构（LEV）、财务收益率（FRA）、资产利用率（PA）、经营费用比率（OL）、贷款组合风险（Risk），以及 2 个宏观经济指标：地区经济发展增速（GDP）、金融市场发达程度（LPG），如表 8 – 3 所示。

表 8 – 3　模型变量说明

变量类别	变量名称	计算方法
被解释变量	营业自足率（OSS）	营业收入/（营业费用 + 财务成本 + 贷款损失准备金）
微观经济指标 解释变量	机构规模（Size）	资产总额（亿元）
	资本结构（LEV）	负债总额/权益总额
	财务收益率（FRA）	财务收益/资产总额
	资产利用率（PA）	贷款总额/资产总额
	经营费用比率（OL）	经营费用/贷款总额
	贷款组合风险（Risk）	贷款损失准备金/贷款总额
宏观经济指标 解释变量	地区经济发展增速（GDP）	小额贷款公司注册所在省（直辖市）的 GDP 累计同比增长
	金融市场发达程度（LPG）	金融机构贷款余额/地区 GDP

用于检验小额贷款机构可持续发展影响因素的计量模型为：

$$OSS_{it} = \alpha_i + \beta_1 Size_{it} + \beta_2 LEV_{it} + \beta_3 FRA_{it} + \beta_4 PA_{it} + \beta_5 OL_{it} + \beta_6 Risk_{it} + \beta_7 GDP_{it} +$$

$$\beta_8 LPG_{it} + \mu_1 \qquad\qquad (8-1)$$

其中，$i = 1, 2, 3, \cdots, 100$；$t = 1, 2, 3$。

8.2.2.2　样本数据的来源

样本的财务指标：营业自足率（OSS）、机构规模（Size）、资本结构（LEV）、财务收益率（FRA）、资产利用率（PA）、经营费用比率（OL）、贷款组合风险（Risk），数据来源于全国小额贷款公司的调研数据。为了确保结果的真实性和准确性，本部分所有数据均来自筛选的小额贷款公司财务报表年报的原始数据，时间跨度为 2014～2016 年。宏观经济指标国民生产总值增长率（GDP）数据来源于中国统计局官网。

8.2.2.3　实证分析

（1）描述性统计分析

首先，从描述性统计结果来看所选的 118 家小额贷款公司在 2014～2016 年营业自足率（OSS）的均值达到了 288.17%，表明其经营效益良好，大多数小额贷款公司具有经营的可持续性，但是由于标准差在 232.34% 说明数据的离散程度较大，小额贷款公司之间的可持续经营效果差距明显。其次，资本结构（LEV）的均值为 34.68%，财务杠杆的收益率较低，小额贷款公司的企业价值没有得到充分有效的发挥，标准差为 49.06% 同样说明样本数据差距较大。再次，财务收益率（FRA）与资产利用率（PA）是衡量小额贷款公司资本创造价值的标准，均值分别为 6.31% 与 2.15%，极值范围也很小，表明其自有资本的创造力是非常低的，没有很好地利用自有资本去创造价值实现可持续经营，其中的原因可能是受近年来行业市场竞争激烈的影响。最后，从贷款组合风险（Risk）来看，其均值为 0.85%，并没有达到国家规定的 1% 的行业标准，最大值与最小值的极差为 17.73%，差距较大，行业内存在不按国家规定的标准提取贷款损失准备金的情况，从而加剧了贷款风险，破坏其可持续经营的能力。上述对小额贷款公司财

务指标进行的描述性统计，反映了我国小额贷款公司行业存在一定的问题，影响
其可持续发展。如表 8 - 4 所示。

表 8 - 4　模型各变量描述性统计

变量类别	变量名称	平均值	标准差	最小值	最大值
被解释变量	营业自足率（OSS）	288.17%	232.34%	-879.27%	1179.28%
微观经济指标 解释变量	机构规模（Size）	4.94	5.41	0.34	37.60
	资本结构（LEV）	34.68%	49.06%	-0.28%	286.36%
	财务收益率（FRA）	6.31%	4.75%	-9.62%	17.53%
	资产利用率（PA）	2.15%	3.05%	0	42.29%
	经营费用比率（OL）	8.48%	62.30%	-0.25%	675.09%
	贷款组合风险（Risk）	0.85%	1.47%	0.09%	17.82%
宏观经济指 标解释变量	地区经济发展增速（GDP）	8.31%	1.42%	-2.50%	11%
	金融市场发达程度（LPG）	3.46%	18.10%	0	270.38%

（2）模型估计结果

本部分采用 STATA15.1 对面板数据进行处理。采用随机效应与固定效应模
型进行回归分析，根据 Hausman 检验结果，选取随机效应进行分析。此外，采用
可行广义最小二乘法（FGLS）和面板修正标准差法（PCSE）对模型进行进一步
检验。其中，可行广义最小二乘法（FGLS）可以有效消除单位根序列及平稳自
相关序列间的虚假回归现象，面板修正标准差法（PCSE）可以有效地处理复杂
的面板误差结构，如同步相关、异方差、序列相关等。回归结果（见表 8 - 5）
显示，可行广义最小二乘法（FGLS）和面板修正标准差法（PCSE）整体回归的
F 值（P 值）都为 0.00，可以说明两种方法整体显著，能够很好地解释被解释变
量（OSS）。同时，这两种不同方法的回归结果显示大多数的解释变量都通过了
显著性检验，并保持了较一致的结果。综上，基于样本情况与结果的稳健性，选
用可行广义最小二乘法（FGLS）报告模型的实证结果。回归结果如表 8 - 5
所示。

表 8 - 5　面板模型的回归结果

变量类别	变量名称	可行广义最小二乘法（FGLS）	面板修正标准差法（PCSE）
微观经济指标解释变量	机构规模（Size）	6.26 *** (5.31)	5.68 ** (2.36)
	资本结构（LEV）	-0.48 *** (-5.88)	-0.54 * (-1.84)
	财务收益率（FRA）	25.68 *** (25.56)	28.20 *** (6.08)
	资产利用率（PA）	-16.43 *** (-5.80)	-23.35 *** (-5.29)
	经营费用比率（OL）	-0.20 (-1.17)	-0.09 (-0.20)
	贷款组合风险（Risk）	4.11 (0.59)	-4.14 (-0.61)
宏观经济指标解释变量	地区经济发展增速（GDP）	-10.72 *** (-3.98)	-12.10 (-1.57)
	金融市场发达程度（LPG）	2.51 *** (3.38)	3.68 *** (4.47)
常数项		210.68 *** (8.49)	243.12 *** (3.13)
F 值（P 值）		0.00	0.00
Hausman 检验（FE VS RE）		53.03	
Hausman（P 值）		0.00	

注：系数下方括号里的数字为 z 值，*** 、** 、* 分别表示在 1% 、5% 、10% 的水平上显著，Hausman 检验设置置信水平取 0.05。

8.2.3　小额贷款公司可持续发展影响因素的实证结果

基于以上样本数据的实证分析，得出小额贷款公司可持续发展影响因素的实证结果：

8.2.3.1　微观因素变量

机构规模（Size）在 1% 的显著水平下显著为正，表明在其他条件不变的情况下，小额贷款公司资产总额越大，即机构规模越大，小额贷款公司的可持续发展能力越强。资产总额每增加 1 亿元，小额贷款公司的营业自足率平均增加 6.26%。

资本结构（LEV）在 1% 的显著水平下显著为负。在其他条件不变的前提下，资本结构，即负债权益比率越大，小额贷款公司的可持续发展能力越低。负债权益比率每增加 1%，小额贷款公司可持续发展能力平均降低 0.48%，小额贷款公司的可持续发展能力较弱。

财务收益率（FRA）在 1% 的显著水平下显著为正，说明营业利润、营业外收入越多，财务收益越高，小额贷款公司可持续发展能力越强。在其他条件不变的前提下，财务收益率每增加 1%，小额贷款公司可持续发展能力平均增加 25.68%，说明较好的财务收益率是保证小额贷款公司可持续发展的重要因素。

资产利用率（PA）在 1% 的显著性检验下显著为负。在其他条件不变的前提下，资产利用率每增加 1%，小额贷款公司的营业自足率平均减少 16.43%。出现资产利用率拉低可持续发展水平的原因可能是样本小额贷款公司存在着不合理放贷的行为导致的，使小额贷款公司的资金使用率提高，但公司的可持续发展能力反而降低。

经营费用比率（OL）与贷款组合风险（Risk）在两种方法中都没有通过显著性检验，表明样本小额贷款公司的经营费用率与贷款组合风险率对可持续发展的影响并不显著。

8.2.3.2 宏观因素变量

金融市场发达程度（LPG）通过了 1% 的显著性检验，且系数为正。在其他条件不变的前提下，金融市场发达程度每增加 1%，小额贷款公司可持续发展水平平均减少 2.51%。说明发达的金融市场推动了小额贷款公司的风险控制能力与运营能力的提升，有利于小额贷款公司财务的可持续性发展。

地区经济发展增速（GDP）通过了 1% 的显著性检验，且系数为负。这表明当小额贷款公司所在地区 GDP 每增加 1%，其营业自足率平均减少 10.72%。GDP 水平较高的地区经济发展较好，提供金融服务的机构数量和规模一般较大，金融服务的业务种类和选择更加多元化，使金融机构的竞争更加激烈，小额贷款公司由于自身资本规模和融资来源的缺陷，其竞争力未必能与正规的商业银行媲美，小额贷款公司的可持续发展能力与地区经济发展水平呈负相关关系。

8.3 普惠性、机构类型特征与微型金融机构可持续发展实证研究

8.3.1 理论依据

鉴于前文文献综述部分的理论分析可知，微型金融机构为了适度降低单笔数额小、笔数多、周期短的信贷业务的经营成本，提高经济效益，追求机构财务可持续发展，往往会排斥那些低收入群体，偏向于向收入较高的客户人群放贷，因此，微型金融机构大都不能有效地提高金融服务的覆盖广度和深度，实现微型金融机构的社会绩效目标。经济效益影响微型金融机构的可持续发展，而社会效益又影响微型金融机构的覆盖深度。因此，微型金融的覆盖面对其可持续发展水平有一定程度的影响。同时，相关研究发现，微型金融机构的特征类型和股权集中度对财务绩效和社会绩效也有较大的影响。本部分对普惠金融视角下微型金融机构可持续发展进行研究，选取覆盖的广度和深度来衡量微型金融机构的金融普惠性，将前文构建的微型金融机构可持续发展指数作为被解释变量，从普惠视角分析不同机构类型特征等因素对微型金融机构可持续发展的影响。

8.3.2 基本假设

假设 1：反映微型金融机构普惠视角的覆盖广度变量对机构可持续发展有正

向影响。

假设2：反映微型金融机构普惠视角的覆盖深度变量对机构可持续发展有负向影响。

假设3：不同特征类型的微型金融机构对可持续发展的影响存在显著差异。

假设4：一国的宏观环境因素变量对机构可持续发展或有影响。

假设5：微型金融机构的股权集中度越高，越有利于提升机构的可持续发展水平。

8.3.3 数据来源及说明

普惠金融视角下微型金融机构可持续发展的指标评价体系如表8－6所示。

表8－6 普惠金融视角下微型金融机构可持续发展的指标评价体系

变量类别			变量名称及变量符号	变量说明
被解释变量			可持续发展指数（Index）	综合的可持续发展指标
解释变量	微型金融的普惠性	覆盖广度	活跃借款人总数（Numborrower）	活跃借款人数，取对数
			活跃客户总数（Numclient）	活跃借款人数＋活跃存款人数，取对数
		覆盖深度	人均贷款额（Loansize）	发放贷款总额/活跃借款人数量，取对数
			人均贷款额与人均 GNI 之比（Gloansize）	人均贷款额/人均国民总收入
	机构类型		银行微型金融机构（BANK）	分别为银行微型金融机构、非银行型金融机构、合作性微型金融机构时，取值为1，否则为0；当三者皆为0时，为非政府组织微型金融机构 NGOs
			非银行微型金融机构（NONBANK）	
			合作性微型金融机构（COOP）	

续表

变量类别		变量名称及变量符号	变量说明
控制变量	经济环境	GDP 增长率（GDP）	（后一年 GDP – 前一年 GDP）/前一年 GDP
	农村人口结构	农村人口结构（PRP）	农村人口/总人口
	信用环境	征信信息深度指数（CRD）	数值大小介于 0 ~ 8
	股权结构	净资产比率（Equity）	股东权益/资产总额

本部分采用 2014 ~ 2016 年全球 24 个国家的 96 家微型金融机构（MFIs）的数据为考察样本，使用的微型金融机构财务性、所有权类型、金融普惠性、净资产比率以及机构特征的指标数据均来源于微型金融信息交流中心（MIX）。官方汇率来源于国际金融统计数据库，GDP 增长率、农村人口占总人口的比重（Rural Population to Total Population，PRP）、征信信息深度指数（Credit Depth of Information Index，CRD）、人均国民总收入数据来源于世界银行世界发展数据库。

8.3.4 模型构建

根据上述理论分析结果建立如下模型：

$$Index_{it} = \beta_0 + \beta_1 Loansize_i + \beta_2 Gloansize_i + \beta_3 Numborrower_i + \beta_4 Numclient_i +$$
$$\beta_5 BANK_i + \beta_6 COOP_i + \beta_7 NONBANK_i + \beta_8 CRD_i + \beta_9 PRP_i + \beta_{10} GDP_i +$$
$$\beta_{11} Equity_i + \alpha'_1 Z_c + \varepsilon_{it} \qquad (8-2)$$

其中，$Index_{it}$ 表示第 i 个微型金融机构在 t 时期的可持续发展指数，由前文 6.2 节和 6.3 节部分得到；$Loansize_i$、$Gloansize_i$、$Numborrower_i$、$Numclient_i$ 表示第 i 个微型金融机构在 t 时期的普惠金融的覆盖广度和深度；$BANK_i$、$COOP_i$、$NONBANK_i$ 表示第 i 个微型金融机构的所有权类型，是虚拟变量；CRD_i、PRP_i、GDP_i 分别表示第 i 个微型金融机构所处国家的征信信息深度指数、农村人口结构和 GDP 增长率的宏观环境状况。

按所有权分类，当机构分别为银行微型金融机构、非银行型金融机构或合作

性微型金融机构时，取值为 1，否则为 0；当三者都为 0 时，表示该机构的所有
权类型为非政府组织微型金融机构。Z_c 为一系列控制变量和自变量的列向量，
用于控制 t 时期不同所有权微型金融机构在社会绩效、机构特征层面和宏观环境
层面的影响。ε_{it} 为随机扰动项。

8.3.5 回归结果分析

本部分使用计量统计软件 STATA14.0 对面板数据进行分析处理，先采用固
定效应模型进行回归分析，再选取随机效应模型做回归分析，由 Hausman 检验最
终选择随机效应模型。进而采用面板修正标准差法（PCSE）和可行广义最小二
乘法（FGLS）估计回归结果。首先，选择实际收益率（Equity）和贷款损失准
备金率（LLR）分别作为微型金融机构盈利能力和风险管理能力的衡量指标，以
此构建出来的可持续发展指数为被解释变量，进行由模型 I 得到的 Index 实证结
果。其次，更换微型金融机构盈利能力指标为资产收益率 ROA，同时调整风险
控制能力指标为逾期 30 天未偿还贷款率 PAR，再次验证由模型 II 得到的 Index 实
证效果，更新可持续发展指数值，继续做实证分析。如表 8 - 7 所示。

表 8 -7　实证回归分析结果

回归分析的 估值方法 变量	面板修正标准 差法 PCSE	可行广义最小 二乘法 FGLS	面板修正标 准差法 PCSE	可行广义最小 二乘法 FGLS
	模型 I		模型 II	
人均贷款额	0.0832163 *** （5.91）	0.0748546 *** （8.40）	0.1003304 *** （9.96）	0.0957219 *** （6.69）
人均贷款额与人均 GNI 之比	- 0.0303366 *** （ - 3.67）	- 0.0316749 *** （ - 10.11）	- 0.0379344 *** （ - 8.29）	- 0.0421269 *** （ - 4.11）
活跃借款人总数	0.1137286 *** （7.97）	0.0944517 *** （8.93）	0.1132840 *** （11.76）	0.1308094 *** （6.70）
活跃客户人总数	- 0.0104258 （ - 0.85）	- 0.0002202 （ - 0.02）	- 0.0175597 ** （ - 2.14）	- 0.0242409 （ - 1.52）

续表

回归分析的 估值方法 变量	面板修正标准 差法 PCSE	可行广义最小 二乘法 FGLS	面板修正标 准差法 PCSE	可行广义最小 二乘法 FGLS
	模型 I		模型 II	
银行微型金融机构	-0.2935548 *** (-15.51)	-0.2742018 *** (-14.83)	-0.2504055 *** (-11.22)	-0.2336816 *** (-4.28)
非银行微型金融机构	-0.4233623 *** (-15.45)	-0.3590527 *** (-15.26)	-0.4063745 *** (-15.14)	-0.4669846 *** (-12.43)
合作性微型金融机构	-0.2881909 *** (-6.62)	-0.2222261 *** (-7.55)	-0.2533210 *** (-7.12)	-0.2993679 *** (-6.94)
净资产比率	0.0133585 (0.35)	0.0450585 *** (3.27)	0.0449281 *** (3.26)	0.0181267 (0.58)
征信信息深度指数	0.0244873 *** (9.78)	0.0123733 *** (3.98)	0.0170167 *** (4.87)	0.0323333 *** (3.19)
农村人口结构	0.4284554 *** (3.43)	0.3164455 *** (4.65)	0.3733381 *** (5.00)	0.5584009 *** (6.49)
GDP 增长率	-0.9196485 (-0.88)	-0.5910606 * (-1.68)	0.4196779 (1.07)	-0.0253134 (-0.03)
常数项	-0.0256363 *** (-0.22)	0.1902909 ** (2.51)	-0.0996195 (-1.24)	-0.3060375 ** (-2.46)
F 值（P 值）	0.000	0.000	0.000	0.000
Hausman 检验（FE vs RE）	5.59			
Hausman（P 值）	0.7800			
估计方法	PCSE	FGLS	PCSE	FGLS

注：括号中为 t 值，***、**、* 分别表示在 1%、5% 及 10% 的水平上显著，Hausman 检验置信水平取 0.05。下表同。

从表 8-7 中我们可以看到，模型 I 和模型 II 整体回归的 F 值（P 值）为 0.000，说明该模型整体显著，具有很强的解释力。同时，模型 I 和模型 II 下 Index 的不同估计方法回归结果显示，绝大多数解释变量和控制变量都通过了显著性检验，并且保持了一致性。模型 II 的回归结果间接对实证模型做了稳健性检验分析。综上，基于模型 I 不同估计方法下的两次回归系数均值可得出以下结论：

（1）普惠金融的覆盖广度变量分析

活跃借款人总数（Numborrower）通过了 1% 水平下的显著性检验，且回归系数为正，说明活跃借款人数的增加有利于提高微型金融机构可持续发展水平。同时研究发现微型金融机构的活跃借款人数每增加 1%，将会提高其可持续发展指数 1.0% 左右。首先，活跃借款人总数越大，在办理贷款业务成本相对固定的情况下，由于规模经济效益的存在，使人均每笔贷款费用的下降，相应提高了微型金融机构的盈利水平；同时，巨大的客户基数有利于机构开发新的多样化、个性化的理财产品，有利于实现机构的财务可持续发展。其次，随着活跃借款人总数的不断增加，能够释放良好信息的传递作用，往往会吸引更多的借款用户和市场投资人加入，有利于缓解机构资金来源有限的窘况，充足的外来资金来源有利于微型金融机构扩大信贷业务和规模，提高市场竞争力。最后，较高的市场规模占有率无形中也会激励机构不断提高自我的组织管理能力，有助于金融服务的可持续性，对微型金融机构的可持续发展水平产生了积极的影响。

活跃客户人总数（Numclient）在不同估计方法下回归结果出现了不一致的结论，且无法通过 10% 水平下的显著性检验。可能是因为不同类型特征的微型金融机构对于吸收公众存款受到不同程度的限制，能够吸收公众存款的银行类微型金融机构倾向于将资金投向单笔贷款额度较大的客户，往往出现存款人数多、贷款人数少的现象。贷款渠道相对有限的条件下，活跃客户人总数的增加更多体现在活跃存款人的增加上，而主要依赖存贷利差盈利的微型金融机构面对存款支出加大、贷款收益减少的压力，可能导致自身可持续发展能力的降低。相反，对于不吸收公众存款的非政府组织微型金融机构而言，活跃客户人总数的增加更多体现在活跃借款人总数的增加上，它在促进微型金融机构的可持续性方面发挥着重要作用。

（2）普惠金融的覆盖深度变量分析

人均贷款规模（Loansize）在 1% 的显著水平下的系数为正，说明它是促进微型金融机构可持续发展的有利因素。人均贷款额每下降 1%，将使微型金融机构可持续发展指数减小 0.08% 左右。人均贷款规模越小，代表微型金融机构越能够覆盖更多的低收入人群，承担更多的社会责任，实现微型金融的普惠性社会绩效目标。但是，由于信息不对称性的存在，同时微型金融机构的目标客户又缺乏固定资产抵押物，没有稳定的收入来源。服务于这部分人群往往需要机构付出更多的人力、物力和资金，并且消耗大量的时间和经济成本。微型金融机构又不能提高超出一定范围的市场利率作为补偿，相比于金融服务和组织管理上可持续的提高，往往会导致财务可持续的发展受到更大程度的抑制，从而影响微型金融机构整体的可持续发展水平。

人均贷款额与人均 GNI 之比（Gloansize）在 1% 的显著水平下的系数为负，说明一定范围内人均贷款额的增加虽有利于可持续发展指数的提高，但是，当人均贷款额超过人均 GNI 时，对微型金融机构的可持续发展有明显的负面影响。人均贷款额与人均 GNI 之比每增加 1%，将使微型金融机构可持续发展指数下降 3.1% 左右。因为微型金融机构的服务对象主要是低收入人群，他们的人均收入往往都在人均 GNI 水平之下，他们的真实贷款需求也在家庭人均收入附近范围内波动。而人均 GNI 往往是相对稳定的，一旦人均贷款额超过人均 GNI 水平，其比值（Gloansize）越大，微型金融机构就会面临更多违约风险，不能有效收回贷款，不利于财务上可持续和组织管理的可持续。而现实情况是，绝大多数微型金融机构的人均贷款额都远远超过了人均 GNI 水平。

（3）不同机构类型变量分析

在所研究的微型金融机构的不同特征类型中，非政府组织微型金融机构占 37.8%，非银行类微型金融机构占 36.1%，银行类微型金融机构占 21.8%，合作性微型金融机构占 4.3%。不同机构特征类型的微型金融机构对可持续发展的影响存在显著差异。结果显示，非政府组织的微型金融机构具有最强的可持续性，其次是银行类微型金融机构和合作性微型金融机构，非银行类微型金融机构的可持续性最弱。究其原因，银行类微型金融机构其自身的普惠金融服务能力处于较低的水平，覆盖广度和覆盖深度不足导致金融服务可持续性很大程度的下降，盈利动机趋势下忽视了风险管理能力和成本控制能力，对机构的组织管理可持续也有所影响，但银行微型金融机构的盈利能力很强，较高的财务可持续发展水平能够在很大程度上弥补其整体可持续发展能力的损失。合作型微型金融机构其自身的盈利能力和服务能力处于较低的水平，影响财务上可持续发展水平，但其覆盖广度和覆盖深度的社会普惠性方面做得比较好，相应提高了机构的组织管理可持续和金融服务可持续能力。所以，对整体微型金融机构的可持续发展影响也很有限。而非银行微型金融机构在盈利能力方面不如银行类微型金融机构，在提供金融服务可持续的社会普惠性方面又不如合作型微型金融机构。如表 8 - 8 所示。

表 8 - 8   不同所有权类型的微型金融机构的分类统计数据

变量	BANK	NONBANK	COOP	NGO
	均值			
可持续发展指数	1. 7149470	1. 4928040	1. 5390590	1. 8596380
资产收益率	0. 6059565	- 0. 0477488	0. 0127604	0. 0853943
经营自给率	1. 1725650	1. 0035860	1. 0202680	1. 3801110
实际收益率	0. 2798268	0. 3123420	0. 1831678	0. 2978173
机构成立年限	2. 5829590	2. 2272710	2. 4024930	2. 8657990
资产规模	18. 7596300	16. 9440000	16. 4537400	17. 1806700
贷款损失准备金率	0. 0379173	0. 0448292	0. 0306350	0. 0762162
逾期 30 天未偿还贷款率	0. 0586587	0. 0613625	0. 0833583	0. 0470440
总费用率	0. 1267705	0. 2168117	0. 1230067	0. 2199913
人均贷款费用	4. 8890020	4. 9909870	5. 9700170	3. 9948350
净资产比率	0. 1919211	0. 2814072	0. 2464801	0. 2279052

续表

变量	BANK	NONBANK	COOP	NGO
	均值			
人均贷款额	7.0378500	6.6534350	8.0346220	5.6141380
人均贷款额与人均 GNI 之比	0.9074139	0.7911235	3.1619330	0.1850184
活跃借款人总数	11.2132100	10.1331600	8.2419580	11.3737100
活跃客户总数	12.4150000	10.3582400	8.9428420	12.1775000

（4）宏观控制变量分析

征信信息深度指数（CRD）在1%的水平下回归系数显著为正，说明一国征信体系的完善整体上能够促进微型金融机构的可持续发展水平。一国的征信信息深度指数每增加1%，将会提高其可持续发展指数1.8%左右。相比于正规的大型商业银行，微型金融机构的主要客户是被正规金融机构抛弃的中低收入人群。事实上，这些被金融排斥的人群中，大多数人是可以通过信贷方式实现自我经营如期偿还贷款的，因此，获得贷款对贷款人本人和家庭显得极为重要，他们本身具有强烈的还款意愿和一定的偿还能力。所以，一国征信信息体系的建立和完善，将在很大程度上缓解信息不对称所产生的问题，有利于提高微型金融机构可持续发展水平。

农村人口数/总人口数（PRP）在1%的显著性水平下回归系数为正，说明一国或地区农村人口越多，越有利于其微型金融的可持续发展水平的提高。一国农村人口数/总人口数每增加1%，将会提高微型金融机构的可持续发展指数37%左右。一方面，农村人口作为微型金融机构主要服务对象，其人口基数越大，微型金融服务的目标客户和潜在客户就越多，在盈利能力和组织管理水平相同的情况下，其经营成本就越低，有利于机构的财务可持续发展。另一方面，在"用户为王"的时代，庞大的客户基础是微型金融机构开展业务和产品创新的基础，有利于提高微型金融机构提供金融服务的可持续性。

针对一国GDP增长率因素，稳健性检验两次模型的回归结果显示，出现了前后不一致的情况，在0.5%显著性水平下还出现了相反结论，且存在不显著的现象。所以，并不能有效地证明一国的GDP增长率与可持续发展指数之间没有显著的因果关系。究其原因，一方面是GDP增长率的高低并不能代表一国整体的经济水平的高低，它是一个相对值概念，GDP是一个绝对值概念，GDP增长率很大程度上与一国所处的发展阶段和经济体量有关。另一方面同等经济体量下，GDP增长率的高低代表了一国整体的经济水平，但也不能证明GDP增长率与可持续发展之间具有因果关系。因为一国整体的经济水平提高虽刺激了客户贷款需求的增加，提高了机构经营收入，但也会导致微型金融机构服务目标对象基数的减少，更多的人进入中高等收入水平区间，寻求其他金融机构的相关贷款存款等金融服务，对微型金融机构的可持续发展产生消极影响。

（5）机构自身特征层面

净资产比率（Equity）在1%的显著性水平上对机构的可持续发展指数（Index）值有正向影响。微型金融机构的净资产比率每增加1%，将使可持续发展指数提高4.5%左右。究其原因，股权集中度较高的微型金融机构往往在制度建设和经营管理方面更具有优势，尤其是在重大战略的制定和执行上体现出更加科学、专业的水平。运用市场化的经营理念和竞争激励性的管理制度，吸引了大量优秀专业人才和管理人才，这使微型金融机构在风险控制能力和成本管理水平上得到极大提升，有助于机构的组织管理可持续发展。同时，规范化的制度建设、科学化的组织管理有利于提高机构的金融服务可持续能力，更好地实现财务可持续发展。

9 普惠金融视角下实现微型金融机构可持续发展的制度优化路径

随着普惠金融概念在我国的深入发展和国家政策层面的大力扶持，越来越强调市场参与者中的每一个人都应享有且实际可获得金融服务的权利，而微型金融机构作为提供小额贷款的主体，其可持续性发展水平的高低在这一过程中扮演着举足轻重的角色。近些年来，微型金融机构获得了快速发展的机会，也取得了显著成果；但是，我国微型金融机构的现实发展过程中面临的问题和挑战也日益突出。本部分结合国际微型金融机构的实证结果以及微型金融机构可持续发展指数的构建指标体系，从微观、中观和宏观三个层面提出完善微型金融机构可持续发展的政策建议。

9.1 实现微型金融机构可持续发展的微观制度优化路径

9.1.1 扩大普惠金融的覆盖面以实现规模经济

实证结果显示，覆盖深度层面的活跃借款人总数（Numborrower）、覆盖深度层面的人均贷款额（Loansize）对微型金融机构可持续发展指数（Index）具有明显的正向影响。首先，实现规模经营的微型金融机构利用其较大的资产规模优势，在市场竞争中往往表现出较低的运营成本和管理成本，具有较好的盈利能力；其次，实现商业化可持续发展的微型金融机构的客户数量与覆盖面都达到了一定的规模。因此，发展微型金融机构，要注意必须同时关注其金融服务覆盖面和规模经济两个方面：一是扩大微型金融机构服务用户数量，注重微型金融的覆盖广度和覆盖深度，在一定程度上会导致单位成本的降低，有利于实现规模经济效应。二是拓展微型金融机构多元化的融资渠道来源，可直接带来其资产规模的扩大，可通过发债、股票、吸收存款和商业银行借贷等途径来实现。

9.1.2　拓展资金来源，提高盈利能力

微型金融机构由于服务对象的特殊性，往往在信贷业务的创新性上缺乏竞争力，尤其是小额信贷产品和服务的多元化开发能力较差。这在很大程度上限制了微型金融机构的收入来源，直接导致其自身的低利润，严重影响了微型金融机构的可持续发展。因此，微型金融机构多依靠政府或国际组织资助开展业务。要想提高微型金融机构的盈利能力和可持续发展水平，政府需要降低市场资金进入微型金融领域的门槛，加大拓展微型金融机构的多元化融资渠道，改变过去过度依赖政府的状况，减轻政府的压力；同时又要充分发挥市场的主导作用，避免政府过度干预市场的抑制现象发生。

综合国内外研究现状，拓展微型金融机构资金来源的方法和途径主要集中体现在以下两个层面：一是政府层面，要在控制风险的基础上放松对微型金融机构融资渠道的限制，如允许运营机构吸收公共储蓄、社会闲散私有资本，设立微型金融机构专门的资金中介机构等；二是微型金融机构自身层面，必须积极寻找新的资金来源，培育自身多元化的融资渠道机制，如引入国外投资、商业银行贷款和强制储蓄等。

9.1.3　有效控制经营成本，加强风险管理能力

国内外研究表明，微型金融机构对经营成本的有效控制能力从根本上决定了机构的财务效率；另外，加强微型金融机构的风险控制能力有助于提高机构的财务质量。有效控制经营成本、加强风险控制能力是微型金融机构实现可持续发展的重要手段。

（1）有效控制经营成本

微型金融机构的经营成本主要体现在人力成本、财务核算成本和信息成本三个方面：第一，加强人力资源管理，提高员工专业素养。具体措施包括建立完善的员工激励、奖惩的考核制度，激发大家的工作积极性和主动性；同时加强员工的专业技能培训，提高工作效率和创新性，吸引高质量专业人才，有效降低机构的人力成本。第二，加强成本核算管理，建立规范的财务制度和完善的财务监管体系。保证业务核算工作专业性和独立性，动态监测工作的规范性，及时发现问题，有效控制核算成本。第三，通过技术赋能构建高效的信息管理系统。随着大数据、移动支付和人工智能等新一代技术的发展，积极主动将手机、互联网等技术应用到微型金融业务中，及时实现 POS 机、ATM 机等传统业务模式的转型升级，有效提高组织运营效率，降低运营成本，从而大大提升自身的市场竞争力。

（2）加强风险管理能力

微型金融机构由于目标人群的特殊性，使信用风险成为机构面临的最大风险。首先，在技术赋能的基础上，继续沿用国内外发展良好的风险管理制度。如小组联保机制、分期还款机制、动态激励机制和担保替代机制等，有效降低客户的还款压力，激发用户还款积极性，极大地提高贷款偿还率。其次，强化内部风险管理体系，完善贷前、贷中和贷后全流程动态监管系统。严格把控从贷前审批到贷后管理过程中的各个环节，及时发现潜在风险，规范科学处理已有风险，最大程度地将风险降到最低。最后，建立微型金融机构间的资源共享体系。建立国

家的统一征信平台或者由政府主导建立机构间的行业协会形式的信息共享机制，这样不仅可以大大降低微型金融机构对客户信用的评估成本，还可有效控制机构的信贷风险。

9.1.4 优化资产结构，提高股权集中度

研究结果表明，微型金融机构股权集中度的提高，在一定程度上有利于其可持续发展能力的上升。这是因为股权集中度，即净资产比率等于股东权益与总资产的比值，很大程度上代表着微型金融机构面临的财务风险程度，比值越大，预示着其财务风险越小。另外，股权集中度高的机构面临较小的来自债权人的短期经营压力，在制定企业长期发展战略和实施业务开展时更具有经营独立性、科学性和一贯性，在一定程度上避免了债权人"短视行为"的发生，更有利于提高微型金融机构的可持续发展能力。

9.2 实现微型金融机构可持续发展的中观制度优化路径

9.2.1 进一步推动利率市场化，鼓励微型机构间合理竞争

一国政府在制定利率政策时，通常为了避免客户过高的贷款成本，保护大多数人的利益，往往设定过低的利率水平。实际上，对于以低收入人群为主要服务对象的微型金融机构而言，发放大量的小额贷款的成本比发放少量的大额贷款的成本高出很多。微型金融机构必须收取比银行平均贷款利率更高的利率，否则就无法覆盖其较高的信贷成本，最终导致低收入人群更加难以获得贷款服务。因此，为了更好地实现微型金融机构的可持续发展，有必要放开利率上限控制，进

一步推进利率市场化改革，鼓励机构间自由竞争。这样的市场环境下，会出现更多的产品和供应者、更好的服务和更低廉的价格，使广大消费者受益的同时，也有效提高了微型金融机构的经营效率，实现了双赢的目标。

9.2.2 加强行业自律监管，科学管理不同类型微型金融机构

研究结果表明，不同特征类型的微型金融机构之间，其在财务绩效和覆盖面的社会普惠性的表现上有所不同。非政府组织类型的微型金融机构能更好地实现覆盖低收入人口的社会目标，营利性微型金融机构（银行类微型金融机构、非银行类微型金融机构）往往有更好的财务表现。实现微型金融机构的可持续发展目标必须有效地解决财务绩效与覆盖面"目标转移"的问题。因此，政府可以鼓励支持不同类型微型金融机构间的合作，创设机构间互动共享机制，加强行业自律监管，充分发挥不同类型微型金融机构在微型金融市场上管理模式、目标和制度等方面的优势特征，科学管理不同类型微型金融机构，进一步完善微型金融体系。

9.3 实现微型金融机构可持续发展的宏观制度优化路径

9.3.1 建立专业的微型金融征信信息平台

相较于传统金融机构，微型金融机构因信息不对称导致的逆向选择和道德风险问题更加突出。能否及时、准确并有效地获取存贷款、收入和家庭状况等方面的信息，在很大程度上决定了一个机构拓展业务的规模和信贷质量，也是制约其长期可持续发展的重要因素之一。因此，建立专业的微型金融机构征信信息平台

显得尤为重要。一方面，征信管理系统通过搜集、记录和整理客户相关信贷信息，可以实现微型金融机构间的信息共享，有效降低机构成本和提高工作效率；另一方面，微型金融机构基于征信平台信息可以生成客户信用报告，有助于管理层和决策层的高效抉择，信用评级结果也可以对客户形成约束机制，有效防范信贷风险，提高信贷质量。更重要的是，建立专业的微型金融征信信息平台是培育、发展信用文化的重要一步。

9.3.2 加强农村基础设施建设

众多实证结果表明，一国的农村人口比例与其微型金融机构的可持续发展之间存在显著的正相关关系。低收入人群是微型金融机构的重要服务对象，农村地区是其发展微型金融的主要阵地，大力推进建设农村基础设施，改善其生活环境，才能提高微型金融机构的可持续发展水平。第一，重点改善农村的硬件基础设施。改变农村道路交通不便、信息网络不健全的现实环境，与此同时要注意推进建设农村的水电设施、娱乐设施、文化宣传，商贸服务等基础设施，为开展微型金融业务保驾护航。第二，加强农村素质文化教育。政府要加大农村教育资金投入的相关政策的实施，鼓励支持相关教育机构和人才服务开展农村教育事业，组织农村地区产业技术培训，增加农村就业和收入，扩大微型金融服务需求。

参考文献

［1］ Annim S. K. Microfinance Efficiency: Trade – Offs and Complementarities between the Objectives of Microfinance Institutions and Their Performance Perspectives ［J］. The European Journal of Development Research, 2012, 24 (5): 788 – 807.

［2］ Arora R. U. Measuring Financial Access, Griffith University ［J］. Reachingout: Accessto, Journal of Financial Economics, 2007 (851): 234 – 266.

［3］ Beck T., A. Demirguc – Kunt, and M. Peria. Reachingout: Accessto and Use of Banking Services across Countries ［J］. Journal of Financial Economics, 2007, 85 (1): 234 – 266.

［4］ Challa R., Bala G. Financial Inclusion for Bridging the Rural – urban Divide for Balanced Economic Growth: Demand Perspective ［J］. Journal of International Financial Management& Accounting, 2013, 3 (3): 141 – 156.

［5］ Chibba M. Financial Inclusion, Poverty Reduction and the Millennium Development Goals ［J］. European Journal of Development Research, 2009, 21 (2): 213 – 230.

［6］ Christen, Robert P., Elisabeth Rhyne and Robert C. Vo – gel. Maximizing the Outreach of Microenterprise Finance: The Emerging Lessons of Successful Programs ［J］. SAID Evaluation Highlights, 1994 (49).

［7］ Gupte R., Venkataramani B., Gupta D. Computation of Financial Inclusion

Index for India [J] . Social and Behavioral Sciences, 2012 (37): 133 – 149.

[8] Imai, K. , R. Gaiha, G. Thapa, and S. Annim. Microfinance and Poverty: A Macro Perspective [J] . World Development, 2012, 40 (8), 1675 – 1689.

[9] Marek Hudon. Management of Microfinance Institutions: Do Subsidies Matter? [J] . Journal of International Development, 2010, 22 (7): 890 – 905.

[10] Nanda K. , M. Kaur. Financial Inclusion and Human Development: A Cross – country Evidence [J] . Management & Labour Studies, 2016, 41 (2): 127 – 153.

[11] Rajesh Kumar Shastri. Micro Finance and Poverty Reduction Comparative Study with Asian Countries [J] . Journal Management, 2009, 3 (4): 136 – 140.

[12] Roy Mersland. Ludovic Urgeghe International Debt Fiancing and Performance of Microfinance Institutions [J] . Change, 2013, (22): 1 – 2.

[13] Sarma M. , J. Paris. Financial Inclusion and Development: A Cross Country Analysis [J] . Paper Submitted to the Annual Conference of the Human Development and Capability Association, New Delhi, 2008 (9): 10 – 13.

[14] Takashi Default Kurosaki, Hidayat Ullah Khan. Vulnerability of Microfinance and Covariate Shocks: Evidence from Pakistan [J] . The to Strategic Developing Economies, 2012, 50 (2): 81 – 115.

[15] Thorsten Beck, Asli Demirguc – Kunt, Maria Soledad Martinez Peria. Reaching Out: Access to and Use of Banking Services Across Countries [J] . Journal of Financial Economics, 2007, 85 (1) .

[16] Wijesiri M. , ViganòL. , Meoli M. Efficiency of Microfinance Institutions in Sri Lanka: A Two – stage Double Bootstrap DEA Approach [J] . Economic Modelling, 2015 (47): 74 – 83.

[17] 蔡洋萍，湘鄂豫中部三省农村普惠金融发展评价分析 [J] . 农业技术

经济，2015（2）：42 - 49.

　　［18］曹瑞丽．我国微型金融机构的可持续发展研究［D］．天津财经大学硕士学位论文，2004.

　　［19］陈洪进．普惠金融体系视角下我国农村小额信贷可持续发展研究［D］．西南财经大学硕士学位论文，2014.

　　［20］陈鸿祥．微型金融组织发展的比较优势与建议措施［J］．金融发展研究，2010（9）：78 - 82.

　　［21］陈名银．农村地区普惠金融的减贫效应与启示——基于494户农户的微观调查［J］．武汉金融，2017，37（4）：82 - 84.

　　［22］陈银峨，师文明．微型金融对贫困减少的影响研究述评［J］．经济学动态，2011（4）：130 - 134.

　　［23］杜晓山．中国农村小额信贷的实践尝试［J］．中国农村经济，2004（8）：12 - 19.

　　［24］段滨．小微金融机构对推动普惠金融发展的分析研究［J］．时代金融，2016（21）：41 - 43.

　　［25］付莎，王军．中国普惠金融发展对经济增长的影响——基于省际面板数据的实证研究［J］．云南财经大学学报，2018，34（3）：56 - 65.

　　［26］高沛星，王修华．我国农村金融排斥的区域差异与影响因素——基于省际数据的实证分析［J］．农业技术经济，2011（4）：93 - 102.

　　［27］葛和平，朱卉雯．中国数字普惠金融的省域差异及影响因素研究［J］．新金融，2018（2）：47 - 53.

　　［28］龚沁宜．我国普惠金融发展对农村支出型贫困减缓的研究［D］．兰州大学硕士学位论文，2020.

　　［29］谷卓桐，陈俊求．微型金融可持续发展研究文献综述［J］．金融理论与改革，2014（9）：46 - 51.

［30］顾宁，刘扬．我国农村普惠金融发展的微观特征分析［J］．农业技术经济，2018（1）：48-59.

［31］顾宁，张甜．普惠金融发展与农村减贫：门槛、空间溢出与渠道效应［J］．农业技术经济，2019，38（10）：74-91.

［32］顾晓安，庄晓栋，许泽庆．空间视角下的普惠金融与农村减贫增收——机制探讨与实证检验［J］．金融理论与实践，2020，42（1）：108-116.

［33］郭会平．我国微型金融产业的可持续性问题研究［D］．厦门大学硕士学位论文，2009.

［34］郭爽．微型金融机构可持续发展研究［D］．西南财经大学硕士学位论文，2010.

［35］郭田勇，丁潇．普惠金融的国际比较研究——基于银行服务的视角［J］．国际金融研究，2015（2）：55-64.

［36］韩阳，王敏，谭雪．我国东部地区普惠金融发展及其减贫效应研究［J］．当代经济研究，2020，31（7）：103-112.

［37］郝云平，雷汉云，董永亮．普惠金融与包容性经济增长——基于中国西部地区面板数据的实证［J］．金融与经济，2018（5）：44-49.

［38］何德旭，苗文龙．金融排斥、金融包容与中国普惠金融制度的构建［J］．财贸经济，2015（3）：5-16.

［39］何学松，孔荣．普惠金融减缓农村贫困的机理分析与实证检验［J］．西北农林科技大学学报（社会科学版），2017，17（3）：76-83.

［40］贺小花．微型金融运作模式比较研究及我国运作模式的设计［D］．西南财经大学硕士学位论文，2008.

［41］胡文涛．普惠金融发展研究：以金融消费者保护为视角［J］．经济社会体制比较，2015（1）：91-101.

［42］黄韩星．村镇银行可持续发展问题研究［J］．广西金融研究，2008

（12）：10－14.

[43] 黄雅楠，杨帅，郑雯.可持续发展战略下村镇银行贷款定价方法探究[J].金融经济，2011（9）：63－65.

[44] 黄燕辉.普惠金融与城乡收入差距：基于广东省的实证分析[J].广东财经大学学报，2018，33（2）：22－31.

[45] 黄永兴，陆凤芝.普惠金融能缩小城乡收入差距吗？——基于非线性与线性面板模型的检验[J].商业研究，2017（6）：63－68.

[46] 焦瑾璞，黄亭亭，汪天都，张韶华，王瑱.中国普惠金融发展进程及实证研究[J].上海金融，2015（4）：12－22.

[47] 李波.对微型金融的认识及其发展建议[J].武汉金融，2009（3）：47－48.

[48] 李长生，蔡波.农村微型金融机构可持续发展及其影响因素研究[J].江西农业大学学报（社会科学版），2012，11（4）：41－46.

[49] 李海峰.全球视角下微型金融机构的绩效研究[J].金融与经济，2015（2）：21－26.

[50] 李建伟，李树生，胡斌.具有普惠金融内涵的金融发展与城乡收入分配的失衡调整——基于 VEC 模型的实证研究[J].云南财经大学学报，2015，31（1）：110－116.

[51] 李建伟.普惠金融发展与城乡收入分配失衡调整——基于空间计量模型的实证研究[J].国际金融研究，2017（10）：14－23.

[52] 李莉莉.新型农村金融机构发展进程与阶段性评价[J].金融理论与实践，2008（9）：24－27.

[53] 李明贤，谭思超.我国中部五省农村普惠金融发展水平及其影响因素分析[J].武汉金融，2018（4）：30－35.

[54] 李容德.普惠金融对城乡收入差距的影响机理与实证测度——基于江

西省75县市2012－2014年的面板数据［J］．武汉金融，2017（7）：63－65.

［55］李润平，刘兰勇．微型金融发展的内外生联动机制研究［J］．农村金融研究，2012（8）：10－15.

［56］李雅宁，吴博文，罗欣，钟青青．我国三十一省区普惠金融发展现状分析［J］．北方经贸，2017（2）：116－118.

［57］李志辉，国娇．非洲国家微型金融发展的经验与借鉴［J］．华北金融，2007（8）：12－16.

［58］林堉华．微型金融机构可持续发展的影响因素研究［D］．华南理工大学硕士学位论文，2004.

［59］刘波，王修华，彭建刚．金融包容水平与地区收入差距——基于湖南省87个县（市）2008－2012年的经验数据［J］．当代财经，2014（11）：46－56.

［60］刘金兴，林旻，斐巧彬．微型金融发展的国际经验借鉴与启示［J］．福建金融，2016（5）：46－50.

［61］卢亚娟，孟德锋．微型金融机构的技术效率及其影响因素——基于江苏省56家小额贷款公司的实证研究［J］．江海学刊，2014（3）：68－73，238.

［62］陆岷峰，葛和平．发展普惠金融的关键在于提升服务客体的履责能力——基于普惠金融中公平享有权主、客体的博弈分析［J］．经济与管理，2017，31（4）：43－48.

［63］罗斯丹，陈晓，姚悦欣．我国普惠金融发展的减贫效应研究［J］．当代经济研究，2016，27（12）：84－93.

［64］马彧菲，杜朝运．普惠金融指数测度及减贫效应研究［J］．经济与管理研究，2017，38（5）：45－53.

［65］毛一萍，王雄．农村微型金融机构可持续发展能力测度［J］．系统工程，2013，31（9）：51－54.

[66] 毛一萍. 我国农村微型金融机构可持续发展研究 [D]. 中南大学硕士学位论文, 2013.

[67] 邵汉华, 王凯月. 普惠金融的减贫效应及作用机制——基于跨国面板数据的实证分析 [J]. 金融经济学研究, 2017, 32 (6): 65 – 74.

[68] 宋俊平. 微型金融经营管理机制研究文献综述 [J]. 华北金融, 2013 (11): 38 – 40.

[69] 宋晓玲. 数字普惠金融缩小城乡收入差距的实证检验 [J]. 财经科学, 2017 (6): 14 – 25.

[70] 苏冬蔚, 陈纯纯, 许振国. 商业银行社会网络与微型金融可持续发展 [J]. 经济研究, 2017 (2): 140 – 155.

[71] 孙英杰, 林春. 中国普惠金融发展的影响因素及其收敛性——基于中国省级面板数据检验 [J]. 广东财经大学学报, 2018, 33 (2): 89 – 98.

[72] 孙英杰. 中国普惠金融发展区域差异研究 [D]. 辽宁大学硕士学位论文, 2020.

[73] 汤文东. 对小额信贷组织可持续发展的思考 [J]. 金融理论与实践, 2009 (1): 80 – 82.

[74] 陶建平, 田杰. 县域农村视角的我国农村金融发展收入效应分析——来自1772个县 (市) 面板数据的实证研究 [J]. 华中农业大学学报 (社会科学版), 2012 (6): 24 – 28.

[75] 田霖. 我国农村金融排斥与过度负债 [J]. 金融理论与实践, 2012 (2): 3 – 7.

[76] 汪晓文, 崔晓烨. 普惠金融减贫效应的区域差异及门槛特征研究——基于省级面板数据的实证分析 [J]. 金融发展研究, 2019, 38 (12): 3 – 12.

[77] 王江, 齐硕. 普惠金融发展与贫困减缓——基于空间溢出和门槛特征的视角 [J]. 武汉金融, 2019, 39 (8): 24 – 32, 38.

［78］王维．微型金融组织研究综述及其政策含义［J］．财经问题研究，2010（10）：59-64．

［79］王心如．微型金融监管的国际经验比较［J］．现代商业，2016（9）：104-105．

［80］王征，鲁钊阳．农村金融发展与城乡收入差距——基于我国省级动态面板数据模型的实证研究［J］．财贸经济，2011（7）：14，55-62．

［81］温涛，刘达，王小华．"双重底线"视角下微型金融机构经营效率的国际比较研究［J］．中国软科学，2017（4）：25-40．

［82］沃鹏飞，俞雅乖．浙江省普惠金融发展水平的测度评价及影响因素分析——基于普惠金融指数的研究［J］．科技与管理，2018，20（2）：69-73．

［83］吴一凡．我国微型金融发展研究［D］．首都经济贸易大学硕士学位论文，2013．

［84］伍虹儒，陈向东．持续经营下村镇银行信贷利率实证研究［J］．北京航空航天大学学报，2010（1）：61-63．

［85］熊芳，龚萍，马志峰．经营能力对微型金融机构社会扶贫功能影响的实证研究［J］．金融发展研究，2013（1）：9-11．

［86］熊芳．微型金融机构（MFIs）发展的文献综述［J］．金融发展研究，2009（4）：25-27．

［87］徐敏，张小林．普惠制金融对城乡居民收入差距的影响［J］．金融论坛，2014，19（9）：9-15．

［88］徐淑芳，彭馨漫．微型金融机构使命偏移问题研究［J］．经济学家，2013（5）：86-94．

［89］颜志杰．农户小额贷款的利率选择［J］．现代金融，2006（2）：34-36．

［90］杨光．互联网金融背景下普惠金融发展研究［J］．征信，2015，33

（2）：21－24.

[91] 杨连波.新型农村金融机构面临的风险及防范对策 [J].财会月刊，2008（6）：30－31.

[92] 杨文华.普惠金融视角下的农村金融发展与城乡收入差距关系研究 [J].统计与决策，2016（17）：164－166.

[93] 杨姚静.微型金融研究进展的文献综述 [J].商，2016（17）：193－194.

[94] 于平，周惠民.中国省域普惠金融与经济增长关系的研究 [J].金融理论探索，2018（1）：32－40.

[95] 张东强.我国农村普惠金融研究 [D].天津财经大学硕士学位论文，2012.

[96] 张建波，郭丽萍.关于普惠金融影响收入分配差距的理论机制及实证分析——我国普惠金融发展对城乡居民收入差距的影响 [J].武汉金融，2017（8）：13－17.

[97] 张润林.微型金融研究文献综述 [J].经济学动态，2009（4）：133－137.

[98] 张伟.微型金融理论研究 [M].北京：中国金融出版社，2011.

[99] 张晓燕.互联网金融背景下普惠金融发展对城乡收入差距的影响 [J].财会月刊，2016（17）：94－97.

[100] 张宇，赵敏.农村普惠金融发展水平与影响因素研究——基于西部六省的实证分析 [J].华东经济管理，2017，31（3）：77－82.

[101] 张正平，何广文.国际小额信贷可持续发展的绩效、经验及其启示 [J].金融观察，2012（11）：84－92

[102] 张正平，杨丹丹.市场竞争、新型农村金融机构扩张与普惠金融发展——基于省级面板数据的检验与比较 [J].中国农村经济，2017（1）：30－

43，94.

[103] 张忠宇. 我国农村普惠金融可持续发展问题研究 [J]. 河北经贸大学学报，2016，37（1）：80－85.

[104] 赵丙奇，李露丹. 中西部地区 20 省份普惠金融对精准扶贫的效果评价 [J]. 农业经济问题，2020，41（1）：104－113.

[105] 赵冬青，王康康. 微型金融的历史与发展综述 [J]. 金融发展研究，2009（1）：77－79.

[106] 钟媛媛. 微型金融机构财务效率影响因素研究 [D]. 华南理工大学硕士学位论文，2016.

[107] 周斌，毛德勇，朱桂宾. "互联网＋"、普惠金融与经济增长——基于面板数据的 PVAR 模型实证检验 [J]. 财经理论与实践，2017，38（2）：9－16.

[108] 周孟亮，李明贤. 小额信贷扶贫与财务可持续性：作用机制与协调发展研究 [J]. 上海经济研究，2009（9）：53－60.

[109] 周孟亮，彭雅婷. 我国金融扶贫的理论与对策 [J]. 改革与战略，2015，31（268）：40－44.

[110] 朱民武，曾力，何淑兰. 普惠金融发展的路径思考——基于金融伦理与互联网金融视角 [J]. 现代经济探讨，2015（1）：68－72.

[111] 朱烨辰，汤健，付永贵. 普惠金融下居民金融服务参与度及满足感的影响因素 [J]. 当代经济研究，2018（3）：88－96.

[112] 朱一鸣. 中国县域普惠金融发展的农民增收效应研究 [D]. 辽宁大学硕士学位论文，2020.